巨大組織の寿命

ロ一マ帝国の衰亡から学ぶ

寺岡 寛 著

信 山 社

はしがき

明治時代の知識人などの著作を読むと、日本という新しい近代国家の行く末をトーマス・カーライル（一七九五〜一八八一）やエドワード・ギボン（一七三七〜九四）などの著作に言及して論じている。カーライルはスコットランド人である。彼の英雄伝あるいは英雄期待思想が、当時の日本社会の空気と共鳴振動するところが多かったのであろう。そうした著作を残したトーマス・カーライルが生まれた前年に世を去ったのが、エドワード・ギボンであった。

この意味では、カーライルが一九世紀の思想家・歴史家であったのに対して、ギボンは一八世紀的な精神と歴史観の空気をたっぷり吸いこんだ思想家・歴史家であったといってよい。カーライルはともかくとして、ギボンは歴史家ではあっても、思想家と呼ぶに相応しいのかどうかには議論があるだろう。ギボンは、その自伝も含めて、まとまって歴史思想や社会思想を論じているとは思われないが、彼の主著である『ローマ帝国衰亡史』の底流には、彼の人間観としての英国的啓蒙思想が色濃く流れている。

いずれにせよ、日本の「明治人」がそうした『ローマ帝国衰亡史』に託して己れの主張を論じている文章に何回も出くわした記憶がわたしにはある。それは明治啓蒙主義の一側面を象徴するとともに、彼らが付き合うことになった欧州諸国を支えている西洋文明に大きな足跡を残したローマ帝国の歴史を知りたいという、きわめて直接的かつ緊急の動機があったことは自明である。

わたし自身について言えば、学生時代に新渡戸稲造研究の折に、カーライルの主要著作を読んだことがある。いまの日本ではすっかり忘れられた思想家であるゆえに、新訳などはなく、文章がとめどなくつづくような直訳的文章を明治のころの訳書で読んだ。これではかなわんと、図書館から原著を借り出してみたが、日本語の翻訳文章以上に切れ目のない、延々と続く英文に閉口したものである。

他方、ギボンのほうである。わたしも、明治の人たちの著作を通して教科書的知識としては多少ともローマ帝国については知っていた。だが、ギボンがそれをどのように描いたのかは全く知らなかった。『ローマ帝国衰亡史』の原著は六巻本であり、英文学者の中野好夫の名訳による訳書では一〇巻もある浩瀚な書物である。そのボリュームゆえに、なかなか、おいそれとは近づけなかった。

だが、普段、経営学を教壇などで論じている身としては、米国産業の強さを象徴してきたビッグスリーなどの栄枯盛衰を見守っているうちに、そうした大企業の衰亡を、一時あれほどの広大な地域を支配下に置いたローマ帝国の衰亡に重ねてとらえられないかと考えるようになっていった。

実際、さまざまな経営学者が巨大企業の行き詰まりなどのレトリックにローマ帝国の衰亡を重ねて論じている。日本人なら中国史のレトリックでGM衰亡史を語るところであるが、欧米人の彼らは中国よりはローマ帝国により親しみをもっているのである。

もちろん、紀元前から形成されてきたローマ帝国の栄枯盛衰史をその間に横たわる悠久の時間を超えて、現在にもってくることなど、歴史学者にいわせれば、歴史学の何たるかを無視することになると説教されそうである。しかも、ローマ帝国と企業を比較すること自体が異次元の試みと揶揄されるだろう。

だが、ローマ帝国の歴史を組織論的にみると、民間企業に限らず、現代の大規模組織が抱える問題を理解する上で、その衰亡の記録は妙にリアルに重なってくるのである。それこそがギボンの『ローマ帝国衰亡史』が現在まで読み継がれてきた最大理由の一つではあるまいか。読んでいるうちに、ついつい具体的な企業の将来や、いわゆるヘゲモニー国家の行く末を思い浮かべてしまうのである。

あるいは、グローバル化ということばがわたしたちのまわりに飛び跳ねているものの、その内実とあるべき姿が必ずしも明確ではない現代において、ローマ帝国の帝国的支配のあり方を除いても、多民族を抱合したローマ化はまさにグローバル化と呼ぶに相応しい国家形態であったとも思えるのである。

さらに、共和政から帝政に移行したローマであったが、その皇帝は神が統治権を与えたものでもなければ、万世一系的な存在でもない。ローマ帝国の市民権をもつすべての人が、皇帝として選ばれる権利をもっていた。そこに現在の国家元首のあり方だけではなく、グローバルな展開をしている多国籍企業のトップのあるべき姿をも思い浮かべてしまうのである。と同時に、歴史という時間を超えたローマ帝国のあり方、時を超えて変わらない人間社会の本質がそこにあることを考えさせられてしまうのである。

その意味で、さまざまなタイプの皇帝たちが登場する『ローマ帝国衰亡史』はきわめて人間臭いものであり、それは人間史あるいは人間の作りだす組織史ではあるまいか、ギボンはローマ帝国の衰亡を歴代皇帝の「リーダーシップ」の「質」から捉えようとした、とわたしには思える。ローマ帝国の歴史、それはあまりにも人間臭い皇帝たちとその周辺の指導者論といってよい。

とりわけ、非業の死を遂げた皇帝たちについて、ギボンはミスリーダーシップ、失政、軍事的判断ミス、歪んだ人事などをその原因に挙げ、それを説明するのに「嫉妬」や「欲望」という言葉をどれほど頻繁に登場させることか。嫉妬の裏には欲望があり、欲望の裏に嫉妬があったとする、ギボンの指摘は現代に生きるわたしたちにとっても教訓となっている。

名君の後に暴君が現れ、暴君の後に知君が現れ、その繰り返しのなかでローマ帝国が徐々に滅んでいった様子が延々と描かれる。各皇帝——むろん、すべての皇帝が登場してはいないが——は、彼の『ローマ帝国衰亡史』のなかで生き生きとした生身の人間として描かれている。あたかもギボンが、当時のローマ帝国にタイムスリップして、それを身近に観察しうる位置にあったかのようである。ギボンの叙述は帝国がある日突然衰亡することなどないことを示唆している。それは日々進行しているが、人びとは気づかないのかもしれないのだ。

わたしたちは、一八〇〇年ほど前に遡ってローマ帝国の歴史をとらえた彼の衰亡史から、さらに二三〇年ほど後の世界に生きている。だが、ギボンが描き出したあまりにも人間的な、ある意味で人間史観的なローマ帝国の歴史は、現在の諸国家、たとえば、米国や旧ソビエト連邦、そしてこれからの中国などの行く末をわたしたちに思い浮かべさせてしまうのである。

先に指摘したように、ギボンのこの浩瀚な著作は、国家だけではなく過去の大企業の栄枯盛衰や、多国籍化して超大企業となった有名企業の今後の命運についても、わたしたちの想像力をかきたたせてくれる。

西洋史の研究者でもなければ、ローマ帝国の研究者でもないわたしのような者にとって、ローマ帝国に関わる歴史的事実の真偽に関わる知識は教科書的なものを超えるものではないだろう。だが、現代企業の分析を生業としてきたわたしとしては、ギボンの『ローマ帝国衰亡史』を媒介として企業組織のあり方を感得して、その奥深くにある人間の営みを記述したい衝動は強いのである。

その衝動の一端が本書であるといってよい。とはいえ、『ローマ帝国衰亡史』は何かの折にときどき拾い読みしても、手元に年表などを置いて通読することなどはなかった。ところが、大学院の卒業生たちのセミナーで、大規模組織のマネジメントを論じていたときに、『ローマ帝国衰亡史』から大企業のあり方をとらえようということになった。

大学院生たちに、まずはわたしが率先して通読することを宣言した。いや、してしまった。その宣言からはや三年が経ったが、『ローマ帝国衰亡史』は、わたしの研究室の書棚で埃をかぶっていた。そのうちに、大学院ビジネススクールの管理責任者となってしまった。この種の仕事は実にバタバタするものである。

眼前のことでバタバタしていると、なにか気長に歴史的な著作を読みたくなるものである。そこで、まずは、この大著を拾い読みしてみた。その後、すこし時間が出来たので、今度は一気呵成に集中的に読んでみた。むろん、ローマ帝国の解説書やある程度の専門書も並行して読んでみた。わたしなりにいろいろな発見があった。

もちろん、ローマ帝国正史というものなどあるはずもない。ギボンもまたわたしと同様に当時手中にしたローマ帝国に関わる専門書――ギリシア語やラテン語に堪能であったギボンは多くの原典を読破している――などを読んだであろう。その意味では、『ローマ帝国衰亡史』はローマ帝国史というよりも、ギボンの『ローマ帝国解釈史』といってよい。

いまさら強調するまでもなく、歴史というのは事実の時間的積み重ね――series of fact-findings――である。だが、いくら事実を積み重ねても、真実――truth――にはつながらない。いつもそこにはそれぞれの解釈――あるいは推測や推論――がある。したがって、歴史というのは歴史家という解釈者によって異なってくるのである。

わたしが興味を持ったのはギボンの分析眼や人物眼であり、その奥にあるギボンが暗黙知として抱いていたはずのあるべき指導者像と指導者論であった。ギボンがいまに生きていたら米国や旧ソ連、そして中国などの指導者をどのように分析し、日本のトヨタやソニーなど多国籍化した巨大企業の経営者層をどのように分析したであろうか。わたしはギボンの『ローマ帝国衰亡史』を読みながらいつもそれを意識させられた。古典となる著作には後世の人たちが自分たちの社会を再解釈させる何かがあるのではないだろうか。

ギボンの『ローマ帝国衰亡史』には明らかにそれがある。その「それ」が何であるのか、わたしなりに拙い解答を素描してみた。本書がそれである。ローマ帝国にかかわる人名や地名は、現在はラテン語読みやギリシア語読みなど原語に近いものがあてられているが、本書では原則として中野好夫訳による『ローマ帝国衰亡史』（筑摩書房）に依拠した。また、各章にローマ帝国の時代からいまに伝わっている名言を配した。これは柳沼重剛『ギリシア・ローマ名言集』（岩波書店）に拠る。

二〇一一年六月

寺岡　寛

目次

目　次

序章　ギボンの帝国史

思慮を欠いた力は、おのれの重みによって崩れる。制御された力は、神々もこれをますます進めたもう。
（ホラティウス『詩集』より）

（民衆が）熱心に求めるのは、今は二つだけ――パンとサーカス。
（ユウェナリス『風刺詩』より）

ローマ帝国の版図

英国人エドワード・ギボン（一七三七～九四）が『ローマ帝国衰亡史』を著し始めたのは一七七三年ころからといわれる。ギボン、三〇代半ばのころであった。この年、英国の茶税法に反対する植民地米国のボストン住民の一団が、ボストン港に入港した英国東インド会社の茶を積載した船を襲った。彼らは茶をボストン港に投げ込んだのである。後にボストン茶会――ボストン・ティーパーティー――と呼ばれることになる。

植民地米国の商人たちのこの「茶会」は、本国英国が東インド会社のみに与えていた茶の輸出独占権と茶税法への大抗議であった。茶会の「快挙」――米国植民地にとっての――はすぐさま本国に知らされて、英国政府はボストン港を閉鎖する強硬措置に出た。茶をめぐる騒動はあたかもローマ帝国が征服した諸地域の反乱のようであった。以後、英国はそれまでの植民地政策について再考を迫られることになる。

当時、英国議会は東インド会社に対し茶の輸入税の軽減措置を認めたほか、過剰在庫となっていた国内保管の茶を植民地へ積極的に輸出することを勧め、その際にそれまでのように植民地の仲介業者を入れず、直接小売業者へ販売することも許可した。米国の仲介業者などはこの措置に異議を唱えた。ボストン茶会の指導者サミュエル・アダムズ（一七二二～一八〇三）には、こうした措置によって利益を奪われた仲介業者などからも反対運動の資金が出ていたといわれる。

先にふれたように、米国先住民のインディアン部族に扮した一団が、三五〇ほどの茶箱を海中へ派手に投げ捨てた。当時、ニューヨークやフィラデルフィアに停泊したその他の船は、やむなく本国英国へと舞い戻った。米国独立後に初代大統領となるジョージ・ワシントン（一七三二～九九）等は茶会事件の後始末を英国政府との間で有利に図ろうと躍起になった。

実はこうした茶会はボストン港だけにとどまらず、翌年にはニューヨークなどの港でも連続して起きていた。こうした一連の茶会事件が、数年後の米国の独立宣言につながっていくことになる。

ジョージ・ワシントンなどは最初のボストン茶会事件のときにはおそらく米国が英国から独立できる可能性など考えもしなかったであろうが、数年の間に、英国という帝国とその植民地であった米国との関係は一変することになる。

さて、そのころのギボンである。彼は『ローマ帝国衰亡史』の第一巻から第三巻を一七七六年から一七八一年にかけて発表したが、英国議会の議員でもあったギボンが現実の外交を身近に考えながら執筆していたことはいうまでもない。

一七七六年は米国独立の年であった。トーマス・ジェファーソン（一七四三～一八二六）起草による「独立宣言」はボストン茶会にも関係するが、当時、大陸会議の議長となっていたジョン・ハンコック（一七三七～九三）がこれに署名し、後に大陸会議の他の議員たちもつぎつぎに署名し、米国は英国と正式に決別することになる。なお、この年にはギボンとも面識があったスコットランド人で経済学者のアダム・スミス（一七二三～九〇）が『国富論』を発行していた。これについては後でふれる。

第二巻と第三巻が発行された一七八一年は、独立宣言以来、米国各地で続いていた独立戦争で英国軍の敗退が明らかになったころである。英国軍の敗退が明らかになったといっても、すぐに停戦したわけではなく、その後も両軍の衝突はしばしば起こっている。英国軍が完全に引き上げるのはこの二年ほどあとのことである。ギボンは第二巻を英国王族のグロスター公（一七四三～一八〇五）――エディンバラ公――に謹呈しているが、グロスター公がギボンのこの大著を駄作であると評したという逸話が伝わっている。

第四巻から完結編の第六巻までが発表されたのは、一七八八年のころであった。それらもまた以前の巻と同様に大著であった。一七八八年は、米国という最大植民地を失った英帝国にとって魅力ある大規模の植民地であったオーストラリアに、英国政府が最初の囚人船を送り込んだ年であった。ちなみに、シドニーの地名は英国の内務大臣のシドニー子爵トーマス・タウンシェンドの名に因んでいる。また、この年の一月一日には、ロンドンでタイムズ紙が発刊された。

さて、ギボンの『ローマ帝国衰亡史』に戻る。ギボンは第一巻第一章の冒頭で西暦二世紀のローマ帝国をつぎのように紹介して、この浩瀚な歴史書のスタートとしている。いわば、ギボンの『ローマ帝国衰亡史』執筆の宣言書である。簡潔でいい感じの文章である。

「西暦第二世紀、ローマ帝国の版図は世界のほぼ大半を領し、もっとも開化した人類世界をその治下に収めていた。そしてこの広大な帝国の辺境は、古来その勇名と軍紀の厳しさをもって鳴ったローマ軍の手で衛られ、柔軟にして、しかも強力な法と習俗の力とが、漸次諸属州の統合を固めていった。……自由体制という姿は適度の尊重をもって維持され、元老院は、君主にも似た権威を確保しているかに見え、ただその全施政権能だけを代々の皇帝に委ねていた。」（中野好夫訳『ローマ帝国衰亡史』、以下同じ）。

ここでいう元老院(＊1)とはローマ帝国の政治機関であり、共和政時代の政治の中枢を担った。初期の頃は三〇〇名の終身議員で構成され、のちに議員数の増加をみた。カエサルの時代には九〇〇名となっていた。はじめ議員の出自は貴族層であったが、のちに平民層も参加し、やがて高級官僚たちも任期終了後に議員となった。ローマ帝国が共和政(＊2)から帝政(＊3)に移行するにつれ、元老院の権限は実質上縮小していくことになる。

＊1　元老院――この制度について、ドイツのローマ史家モムゼン（一八一七～一九〇三）は、大著『ローマの歴史』で、市民集会と並んで「最古の共同体の制度の一つ」であるととらえた。「長老の諮問議会（セナトゥス）である。間違いなくこれは氏族制度から生まれたものである。原初期のローマにおいては全家長が元老院を構成したであろうという古い伝承は、ずっと時代が下がってから初めて移住してきたわけではない後のローマの氏族のすべてが、それぞれ始原に遡り、原初の町の家長たちのうちに自らの先祖や族長を見出すとすれば、その範囲では、国法的に正しいと言えよう。……元老院も、この氏族の長老たちの総体以外にありえず、したがって王や市民集会から独立した一つの制度として、市民の総体によって直接形成された後者［市民集会］に対して、ある程度は民衆の代表者による代議制的な集まりだったということになる」と紹介されている。モムゼン（長谷川博隆訳）『ローマの歴史I―ローマの成立―』名古屋大学出版会、二〇〇五年。

＊2　共和政――伝説では、紀元前六世紀頃ローマは建国され、その後、北部のエトルリア人の占領を受けたものの、前五一〇年にはローマ貴族たちはエトルリア人の王を追放し、ローマは共和政となった。一般にローマの共和政とは元老院議員と市民によって選ばれた代表が一定期間ローマの統治を行う政治制度である。

＊3　帝政――紀元前二年、カエサル暗殺後にオクタヴィアヌス――後のアウグストゥス――が確立した君主政を指す。もっとも、ローマ帝国の政体を共和政と帝政――君主政――とに、ある時期をもって峻別することが可能かどうかの問題がある。たとえば、ドイツのローマ史家モムゼンが『ローマの歴史』の「古い共和政と新しい君主政」「(王政の再建につの中でこの問題をカエサルの時代に引き寄せつぎのように論じていることからも理解できよう。

いては―引用者注）この新たなインペラトル職は、再建された太古の王政以外の何物でもなかった。……古い君主政の中に見出せないような新しい君主政などはほとんど存在しない。……しかしこうした類似性よりはるかに目立っているのは、セルウィトス・トゥッリウスの君主政との内的な同質性である。ローマのあの古い王たちは充分な権力を擁したにせよ、なんといっても自由な共同体の主人公であり、貴族に対してまさに一般大衆の保護者であったとするならば、カエサルの登場したのも自由を取り除くためではなく、自由を実現するためであり、まず貴族政の堪えがたい軛を打ち崩すためであったのである。カエサルは決して政治的な好古主義者などではないのに、新しい国家の模範となるものを見つけるために五〇〇年前に遡ったとしても、不審に思う必要はない。というのも、公共体としての国家ローマの最高官職は、いつの時代でも、特別な若干の法律によって制限された王位であり続けたために、王政の概念自体も決して忘れさられたわけではなかった……外的な事情もかつての王政に戻ることを促したのである。人類が新しい創造に成功するのは、言語に絶するほど困難であり、したがって一度発展した方式を聖なる相続財産として大事にする。それゆえにカエサルは、後にカール大帝が他ならぬ彼を受け継ぎ、ナポレオンがカール大帝を引き継ごうと試みたのと同じやり方で、セルウィトス・トゥッリウスを慎重に受け継いだのである。」モムゼン（長谷川博隆訳）『ローマの歴史Ⅳ―カエサルの時代―』名古屋大学出版会、二〇〇七年。

ギボンはローマ帝国がネルウァ（在位九六～九八）、トラヤヌス（在位九八～一一七）、ハドリアヌス（在位一一七～一三八）、二人のアントニヌス――ティトゥス（在位一三八～一六一）、マルクス・アウレリウス（在位一六一～一八〇）――のいわゆる五賢帝たちによって興隆を極めていくものの、その後、衰亡の途を辿った帝国の運命（＝変革の原因）――直接原因だけではなく遠因も含め――を明らかにしようとした。きわめて魅力的なテーマ設定と執筆宣言であった。

ローマ帝国の運命には、偉大な創業者が一代で築き上げ巨大組織化した大企業を、その創業者が没したあと、いかに維持・発展させるかを委ねられた後継者たちの試みとその苦悩に通じるものがある、とわたしには思われる。ギボンもそのように意識している。

「帝政期に入っては、だいたいまず各皇帝とも、元老院の方針、執政官たちの積極的競合、そしてまた国民の軍事熱によって贏《か》ち獲られたその版図を、もっぱら維持することで満足していた。建国最初の七世紀間は、相次ぐ戦勝の連続であった。が、そのあとアウグストゥス帝に残されていた仕事は、全世界の制服などという野望はまず棄て、むしろ国家的諸会議の中に、いわば抑制の精神を導入することだった。」

ギボンは、かつての拡張ではなく、抑制の精神で帝国を維持してきたアウグストゥス帝について述べたあと、「マルクス・アントニヌス帝の死にはじまる、もっとも重大な衰亡の兆をたどる……けだしこの変革というのは、おそらく永久に世界の諸国民によって記憶され、またつねに鑑とされるものだろうからである」と記し、アントニヌス帝の偉大さを継承・維持することを迫られた、さほど偉大とは思えなかったその後の皇帝たちの命運を読者たちに暗示した。

創業者が昼夜を問わず考え行動し働き、命がけといっていいような頑張りによって一代で急成長させた事業を、同じような資質と体力・気力をもつかどうかも未知数の息子一人で継承し、さらに発展させていくことなど並大抵のことではない。そこには、創業者もまた経験したことのないような事態が待っているのである。巨大化した組織は実にやっかいなものなのである。そこには、初代とは異なる組織の維持原理が必要とされて当然なのである。その点を考えれば、ギボンの『ローマ帝国衰亡史』は大規模組織の組織史あるいはマネジメント史といってもよい。

いうまでもなく、ローマ帝国という大組織が一夜にしてあっけなく滅んだわけではない。そこには「停滞」、さらには「衰退」という継続的な滅びの過程があったのである。アウグストゥス帝の抑制の利いた穏健策はその後も後継帝によって守り通されたが、「専制権の行使を楽しむことに忙しかったおかげで、初期の皇帝たちは、みずからの軍の前や地方属州などに姿を見せることは、ほとんどまずなかった」。当然であろう。

だれしも現場を自分の目で見、確かめ、感じることの重要性を強調する。松下幸之助や本田宗一郎などは現場主義の重要性を強調した経営者たちである。また、トヨタなどの経営幹部たちも現場主義を強調する。だが、それでも生身の人間が見られる範囲などは自ずと限られてくる。ましてや、ローマ帝国の時代は、社長がヘリコプターで各地の工場を一日に数ヵ所も視察できる現代とは異なるのである。ただし、仮にそうであったとしても、ギボンの指摘は、まるで現場を忘れた経営者の頭だけの経営戦略——現場などを見ずに、快適なオフィスで考えた——と同じではないかと思わせられる。

経営者が関心を示さなくなった現場の組織は、必然、その日その日を適当に過ごせばいいようなムードに支配される。だが、危機はひしひしと迫っているのである。かつて厳しい環境の中で辺境を守ったローマ軍将領たちが「託された辺境防衛を、ただ大過なく果たすという、それだけのことになった」ことが後にローマ帝国の衰亡を早めることにもなったのである。ギボンは著作のあちこちで直接あるいは間接にこの点を強調する。同じようなことは日本の役所でミスが相次いだ国民年金などの掌握事務の底流にもあることだろう。

とはいえ、ローマ帝国の「官僚」たちが何もなさなかったわけではない。事実はむしろ逆であった。ようやく誰の目にも明らかになりつつあった衰退を防ぐために、さまざまな「変革」という名の試みが行われてもいた。しかしながら、それは現場を忘れた机上の空論に近い変革であった。たとえば、ギボンは両アントニヌス帝統治下のローマ帝国についてつぎのように指摘する。

「(ローマ帝国は―引用者注) 代々にわたる英知によって見事に維持されたのである。……従順な諸属州は、法によって統合され、学芸によって飾られた。……統治そのものの原則は概して賢明で単純、住民のためには善政であった。彼らは祖先伝来の宗教を守りつづけることもできたし、他方民政、民福の点では、むしろ次第に征服者と同列にまで引上げられた。」

ローマ帝国の行政長官たちはそれぞれの地域の民が信じる信仰のあり方――伝統的な祭式儀礼など――にも寛容であった。他方、元老院は帝国下の諸属州が同盟などを秘密裏に結ぶことにはきわめて敏感であり、警戒的であったといわれる。ギボンも「もし彼等の連合統一でも成れば、おそらく強い抵抗を受けるだろうとの教訓をよく生かして、そうした危険な同盟体制は、極力これを解消させることにあった」と述べる。ギボンはそのためのローマ帝国下の制度をつぎの「二重政策」に求めた。

(一) ローマ帝国だけによる諸属州への絶対権力の行使――統一的な統治原則を「もっとも遠い辺

境の征服地にまで適用」すること。

（二）　諸属州からの優秀な人材の登用――「もっとも忠誠で、立派に属州民としてふさわしい人民とさえ見れば、どんどんローマ市民としての自由権を与えていく」こと。

要するに、征服のあと新植民地となった属州をいわば「ミニローマ帝国」として再現させることで、「友好、盟友という絆によって、たちまち原住民からも親しまれるようになり、きわめて効果的にローマなる名前に対する尊敬と、やがては自分たちも同じ栄誉と利益に与りたいという欲望（しかも、ほとんどの場合、それは充たされたのである）とを、いたるところに植えつけて行った」のであり、「ローマ市民ということで、実に夥しい数の国民が、すべてローマ法による恩恵、とりわけ結婚や遺言や財産相続に関する重要条項の恩恵にあずかることになった」。多国籍大企業でいえば、現地採用従業員の本社部門への登用ということになろうか。

つまり、ローマ帝国に武力抵抗するよりも、その支配下に進んで入ることが属州にとってメリットとなるようなシステムの構築――ローマ法の整備やローマ風のインフラ整備も含め――こそが、ローマ帝国維持のやり方なのである。このやり方であれば、軍隊の兵力を無駄に費消することなく、有事に備え温存することができる。とはいえ、そうした平和の訪れは後でもふれるが、軍人や兵隊たちにとって自分たちの昇進や蓄財につながらなくなり、クーデターの潜在力を高めることになる。何事にも逆説性がある。

ローマ帝国による征服のあとには、ローマ法が適用され、そしてローマ帝国の言語であるラテン語の普及が図られた。この結果、言語と地域との関係についていえば、ローマ帝国は、その公式言語としてのラテン語と準公式言語としてのギリシア語から構成される地域と、その他のローカル言語圏から成立することになる。ただし、古来、哲学発祥の地であったギリシアはその知の普及においてギリシア語を普及させたものの、政治、行政、そして軍事においてはラテン語が共通言語となっていった。

ギボンは当時の言語事情について、「事実どの属州に行っても、高等文化教育を受けたほどのローマ人ならば、ギリシア語も解せぬ、ラテン語も知らぬなどという人間は、皆無といってよかった」とまで言い切っている。

他方、ローマ帝国は軍事国家でもあった。ギボンは「ローマ軍に対する恐怖ということも、皇帝たちの宥和策にとって、たしかに威厳と重さを加えていた。つまり、たえず戦いに備えていることによって、逆に平和を守ったのである」と述べている。しかし、ローマ帝国の版図が拡大するにつれ、元来、軍人は名誉あるローマ市民層だけであったのが、やがて「征服がすすみ、社会的自由が失われるにしたがい、戦争ということが漸次一種の専門技術となり、さらに一個の職業にまで堕落してしまった。現実には多数の兵が、ずいぶん遠い属州からも募られるようになってからも、なおローマ軍団といえば、一応ローマ市民だけから成るものと考えられていた。」

現実は、ローマ帝国の版図が拡大するにつれ、ローマ市民などから成るローマ正規軍だけで、拡大しつつあったローマ帝国を防備することは難しくなっていた。従来型防衛システムの限界が近づいていたのである。

実際のところ、属州から兵士——乱暴者やならず者から道楽者まで——が募集された。ただし、ローマ帝国軍隊の指揮権だけは従来通り、ローマ帝国の上流階級出身者が握った。なんでもありの、ある種の暴力集団である軍隊になればなるほど、当然、軍の規律が必要以上に強調されることになる。ローマ帝国が狭い空間とそこに住む人びとにとどまっている間は、愛国精神やローマ市民の誇りが軍の規律を支えることができたかもしれないが、混成軍ともなれば新たな規律と規範が必要となっていった。企業合併後の愛社精神もそうであるかもしれない。ギボンはいう。

「共和制時代のローマ軍をほとんど不敗無敵のそれにしていたこの愛国感情も、専制君主の傭兵たち相手では、もはやきわめて薄弱な訴えとなるしかなかった。したがって、そうした欠陥を埋めるには、もっとほかの、しかも劣らず強力な動機が、なんとしても必要になった。たとえば、名誉、信仰といったものがそれだった。」

しかしながら、ローマ帝国軍を象徴した「金鷲軍旗」に誓った名誉や信仰だけでことが済むわけはなかった。ローマ軍兵士はたしかに勇敢であるばかりではなく、その高水準な装備と厳しい軍事訓練で鍛え抜かれていた。それでも、度重なる戦争による優秀な兵士の損失もあったのである。そうした兵士の質の低下は、それを量の面でカバーさせようという軍首脳の短期的な対応を生むものである。

そして、兵士を量的に充足させた後、その質の向上には、ローマ帝国への忠誠心滋養の教育が必要であり、そこで徳が強調された。

だが、(抽象的ではなく) 具体的に兵士の徳を讃えつつ、その忠誠心を引きつけておくには正規の俸給だけではなく、報奨金なども利用されたのである。と同時に、平和ボケしないように、兵士は新たに開発された最新兵器――当事の技術水準において――を与えられ、そうした兵器に慣れるための実践さながらの訓練――訓練中に兵士が死んだとも伝わっている――が日々繰り返されていた。ローマ軍の実戦を強く意識した軍事訓練は相当厳しいものであったといわれる。

ギボンはそうしてまで軍隊が守ろうとした広大化したローマ帝国の領土とローマ市民との関係について、「彼等は広大なその支配圏、無敵の軍事力、そして歴代皇帝がとった真贋ともにその穏健政策に、みずからがまず眩惑されてしまい、その一歩外にある国々が、蛮夷ながらも立派に独立を維持していたという事実をさえ、軽視、もしくは忘れていたのだった」と述べる。ギボンは早く結論を知りたがる読者を想定したかのように、ローマ帝国の滅亡への途を、著作の中できわめて早々と述べている。そして、その原因を急速に広域化したローマ帝国の国土を軍事的に防衛することの困難さに求めたのである。

ギボンはローマ帝国の広大さについてつぎのように述べている。

「ローマ帝国の偉大さをいうにしても、やはりそれはもっとより正しい姿、すなわち、南北の幅はアントニヌス帝防壁(＊1)およびダキア属州(＊2)の北境から、アトラス山脈および北回帰線まで、二千マイル以上にわたる地域、また東西の長さは大西洋からエウフラテス河に到るまで、これまた三千マイルを越える広大な地域、つまりその版図は北緯二十四度から五十六度まで、温帯圏の中でも第一等地を占め、それらの中には実に百六十万平方マイルを越える、しかも大部分はもっとも肥沃な農耕地を含んでいたというのが、その正しい姿であろう。」

＊1　アントニヌス帝防壁――五賢帝の一人アントニヌス（在位一三八～一六一）がブリタニアの北部防衛線として築いた城壁である。

＊2　ダキア属州――ドナウ河下流北部地域を指す。現在のルーマニアを指す地域である。

後世のわたしたちは、かくも広大な地を支配するようになったローマ帝国の政治、経済、社会を、一〇世紀近くも存続させた古代ローマ人の知恵を讃えるべきなのか。つまり、困難にもかかわらず、よく長期にわたって保持しえたと評価すべきなのか。要するに、「にもかかわらず」論である。

あるいは、そのつぶれ方に着目して、あと数世紀存続させられなかったローマ人の浅知恵を笑うべきなのか。ローマ帝国の版図を拡大させれば、維持することなど困難であったことに当初から気付かなかったのか。要するに、「それゆえに」論である。

「にもかかわらず」論なのか、あるいは「それゆえに」論なのか。ギボンはこの点をどのように解釈してみせるのか。結論を先取りすれば、ギボンの見方は「にもかかわらず」論であったといってよい。ローマ在住の作家塩野七生は『ローマ人の物語―危機と克服（下）』で「本国も属州もふくめた一大運命共同体という形の帝国を創り出した」ローマに対するギボンの見方について、つぎのようにふれる。

「歴史家ギボンは、ローマがなぜ滅亡したのかを問うよりも、ローマがなぜあれほど長く存続できたのかを問うべきである、と言った。多民族、多宗教、多文化という、国家としてはまとまりにくい帝国であったにもかかわらず、なぜあれほども長命を保てたのか、ということのほうを問題にすべきだ、という意味である。だが、それに対する答えなら簡単だ。ローマ人が多民族を支配するのではなく、他民族までローマ人にしてしまったからである。」

たしかに、ローマ帝国では本国と属州との関係はおおむね良好であった。ただし、「国家としてのローマの長命を思えば、（皇帝による国家運用システムが―引用者注）いかにあいまいな形と批判されようと、……このシステムの運用には、運用当事者の性格なり資質なりが影響せざるをえなかった」と塩野が皇帝の資質を問題視したように、ギボンもまたこのシステムがその時々の皇帝の資質に大きく左右されたことを見通していた。塩野と同様に、ギボンもまたローマ帝国史をその統治システム論からだけではなく、皇帝論として描かざるをえなかったのである。

ローマ帝国の機構

ギボンが評価するのは、ローマ帝国皇帝が単に広大な領土の上に君臨したことや、帝国建設の途で各地に見事なまでに壮大な建築物や公共施設を残したことだけではないのである。むしろ、ギボンが大きな関心を寄せたのは、ローマ帝国が「代々にわたる英知によって見事に維持された」という、歴史的事実にかかわる統治システムについてなのである。

ギボンはローマ帝国の統治について「原則は概して賢明で単純、住民のためには善政」であると述べ、ローマ帝国の軍門に下った住民の祖先伝来の宗教にも口うるさく介入せず、むしろ寛容に過ぎるぐらいの政策がとられたことを積極的に評価した。キリスト教徒やキリスト教への改宗にかかわる迫害などはずいぶんと後のことである。

とはいえ、帝国下の属州が連合して一大勢力となることに対しては、既述のようにローマ帝国はきわめて敏感にならざるを得なかった。ローマ帝国にとって、支配下にある地域の情報収集とローマ皇帝への俊敏な情報伝達は、つねにその命運を握る鍵であった。ギボンはこの点について、ローマ帝国による「二重政策」が帝国の長期間の維持に大きな功を奏したと評価している。

「二重政策」とは、ローマ帝国から属州に高官を派遣する一方で、属州民にも優秀な人材がいれば、ローマ市民として自由権を与え厚遇したことを意味する。平たくいえば、本社採用者と地方採用者とを区別しない適材適所の人材配置システムと人事考課システムということになる。

もっとも、ローマ市民権は時の経過とともに乱発気味となったことで、その相対的な価値は当然ながら下がらざるを得なかった。だが、それでもローマ市民権を得て、あらゆる面でローマ帝国とローマ法の保護対象となることはだれにとっても魅力的であったろう。また、ローマ帝国の経済力を支えた奴隷たちにも、ローマ市民となり奴隷身分から解放される機会が与えられたことは彼等の反乱などを抑制する効果として働いた。

ギボンはローマ帝国の人口を推計している。彼によれば、ローマ市民の約二倍が属州民の数であり、自由民に匹敵するだけの奴隷もいた。ローマ帝国の最盛期には、その数は軽く一億人を超えていたことになる。現在の欧州諸国についても、人口規模が一億人だったのは一六〜一七世紀ころだといわれていることから、ローマ帝国が超大国であったことは自明である。こうした膨大な人口を広大な地域に抱える帝国はやがて大組織ゆえのさまざまな問題を抱え込むことになるのである。ギボンはつぎのようにいう。

「中央にこそ専制主義があったが、辺境には到るところひどい弱体化があった。租税の徴収や法の執行は、すべて軍隊の手で強制されていた。しかも敵性蛮族たちは、彼等の国の心臓部に堂々と世襲太守国を築き上げ、地方の支配権は簒奪するし、領民たちもまた自由の何かを解さぬまま、たえず叛乱の機をうかがっていた。それに反してローマ世界の信従ぶりは、すべて一様に自発的であり、また永続的でもあった。被征服諸民族も、すべて巨大な単一国民に溶け込み、ふたたび独立をかちとる希望、いや、願望すら放棄したばかりか、ローマ帝国を離れて、自国の存在などほとんど考えなくなった。」

ローマ帝国が早期に滅んでいればそうでもなかったかもしれない。だが、何世代以上にもわたって存続し、ローマ精神が定着するにつれ、人びとはローマ帝国を離れての自国のあり方、ましてやローマ帝国からの独立など考えないようになっていたのである。

なにやら、大手企業との安定的下請取引にどっぷり浸って、それが継続的に何十年も続いたために、取引先が行き詰まることなど全く考えてこなかった日本の中小企業や、(*)米国の自動車メーカーGMのサプライヤーたちを思い浮かべてしまうのはわたしだけであろうか。

＊　日本の中小企業の存立変化については、つぎの拙著を参照。寺岡寛『日本型中小企業―試練と再定義の時代―』信山社（一九九八年）、同『中小企業の社会学―もうひとつの日本社会論―』信山社（二〇〇二年）。

日本の下請企業の場合、主要受注先であった大手企業の海外生産の拡大によって取引高が激減したり、さらに二次以下の下請企業にいたっては、そうした受注減のなかで親企業が内製化した結果、存立に窮したところが多かったのである。だが、よく考えてみれば、そうした事態はある日突然にやっては来ないのである。何事にも前兆があるものだ。問題はだれがどのようにいつから気付いていたかである。そして、どの程度の人たちが気付いていたかである。当然、ローマ帝国にも前兆はあった。

さて、ローマ帝国の属州支配の道具として、ギボンが重要視したのは、皇帝たちが懲りもせず各地に建て、その後朽ち果ててしまった建造物ではなく、ローマから各地につながるよう設計・建設された「ローマへの道」であった。それは、反乱などに対しローマ各地あるいは属州から軍隊を送り込むためだけではなく、「できるだけ早く情報を掴み、また迅速に命令を伝達しうるという利益が、歴代皇帝をして広大な全領土にわたる定期便制度を確立させた」システムであった。つまり、ローマ帝国存立の脅威となりかねない前兆を察知するためのある種のセンサー・システムであった。

「ローマへの道」には八〜一〇キロメートルごとに宿駅が設けられ、駅ごとに馬四〇頭がつねに用意されていたという。当時にあっては、ローマ帝国だけが享受しえたハイテクシステムであった。驚異的な情報伝達のスピードはこうしたインフラ整備の下に維持されたのである。また、主要地域に港を整備することで地中海を通る船を通じて、エジプトなどからの情報も短期間で把握することが可能であった。同時に、外国貿易が盛んであったことも知られている。

こうしてローマ帝国は情報をすばやく入手し、必要に応じ「ローマへの道」によって軍隊を派遣し、様々な火種を早期に消火していった。にもかかわらず、そうしたシステムによって維持されていた国家的安寧のなかにも「腐敗と衰退」が徐々にではあるがはじまっていたと、ギボンは分析した。彼はいう。

「だが、長いこの泰平とローマ人による画一統治とは、徐々にではあるが、帝国の核心部に、ひそかな毒を持ち込んでいた。人心は次第に画一水準に堕し、天才の火は消え、尚武精神までが霧散してしまったのだ。」

ギボンのいう「ひそかな毒」とは何であったのか。建物や道路などは修理をすることで維持できるものだ。だが、人心というものはそのように修復可能なものではない。帝国内の官僚たちも必ずしも優れた者ばかりが任命されていたわけではない。また、僻地の軍隊もその士気が常に高く維持され続けたわけでもなかった。

そうしたなかで、ローマ帝国のためにという、公的勇気はいつのまにか消え、「かつては勇敢無比だった指導者層の後裔も、いまではただの市民、ただの臣下というだけで満足していた」。このときからローマ帝国の衰退がはじまっていた、とギボンはいいたげである。そういった人心の変化こそがローマ帝国にとって「ひそかな毒」であったのだ。毒はすぐには体内に回りはしない。ローマ帝国もまたそうであった。ギボンは、衰退の具体的過程をずっとあと――中野訳では第九巻――で詳しく展開している。

皇帝という指導者

何世紀もの長い間、繁栄を続けていたように見えたローマ帝国にも、「ひそかな毒」は確実に広がり、衰退の運命が迫っていた。その兆しが徐々に広がるなかで、さまざまな出自をもつ皇帝が現れては消えていった。衰退に気付いた皇帝たちは、いまではいえばイノベーションによってその衰退を防ごうとした。より正確には、「組織改革」というイノベーションである。

ギボンはローマ帝国という世界最大組織の指導者である皇帝を、あたかも自分がよく知る人たちのように、等身大にしかも、わたしたちの周辺にいるような人物として描いている。すくなくとも、わたしにはそう思える。『ローマ帝国衰亡史』が当時もそしていまも読み継がれてきた秘密の一端は、ギボンの卓越した皇帝たちの描写にあった。

ローマ帝国が君主制という統治形態をとるかぎり、そのあり方は皇帝という指導者の性格と力量に大きく左右されてきた。このテーマは、フィレンツェの官僚や外交官を務め、死後に刊行された『君主論』で政治思想家として知られるようになるニッコロ・マキアヴェリ（一四六九〜一五二七）の生涯を通した研究テーマでもあった。君主制論の課題はそのまま君主のあるべき姿論であり、ギボンと同様にマキアヴェリ(*)もまたローマ帝国の統治システムとともに、ローマ皇帝の資質とその行動規範をしばしば取り上げた。

＊　マキアヴェリ自身は、ローマ帝国が風習や言語の異なる地域を治めることのできた要因を次のように述べる。「近隣の力の弱い国々の盟主となり、庇護者となるよう努め……極端に大きな勢力や権限をもたせないようにする……ローマ人は手中にした属州で、この方策をよく守った。彼らは屯田兵を派遣し、弱小の国々の増大を抑えつつ、手もとに引きつけた。強い国にたいしては、これを叩き、他の外敵の勢威があがるようなことを容赦しなかった。……ローマ人は、この場合、賢い君主であればだれしもすべきことをしたわけである。」マキアヴェリ（池田康訳）『新訳君主論』。

さて、ギボンの君主制の定義である。ギボン自身はつぎのように述べる。

「君主国の定義とは何か。明らかにそれは、法の執行権も財政の管理も、軍隊への指揮権も、名前は何であれ、すべてことごとく一個人が握っている国家、ということであろうか。ところが、よほど勇気があり油断のない監視人たちがいて、社会的自由を護らないかぎり、かくも恐るべき権能を握った行政首長の権力は、たちまち専制独裁に堕し去る怖れがある。」

そうしたなかにあって、「尚武の貴族と頑強な平民とが、制憲集会に結集されたときだけが、野心的君主の企図に抗して自由体制を守り抜くことのできる、唯一の対抗勢力になるわけである」とギボンは指摘する。事実、ローマ帝国の歴史は専制君主への対抗史の側面をもっている。尚武の貴族の結集ということでは、元老院が専制君主に対してローマ帝国の自由体制を保持するための防波堤になりえたかどうかである。現代社会とは異なって、個人の権利など限定的な時代である。皇帝に対しては、ローマ市民の支持を背景にした組織的対抗のみが現実の力となりえたのである。

だが、実際には「元老院議場の扉はことさら開放され、一千名をこえる雑然たる人々が、新しく迎え入れられた。だが彼等の場合は、そこから名誉を引き出すどころか、逆にその身分地位に対して不名誉と汚辱を齎すだけだった」元老院組織そのもののあり方云々のまえに、それを構成する元老議員たちにいろいろな人たちがいたのである。

専制君主であれば烏合の衆としての元老院はありがたかったであろうが、皇帝アウグストゥスは健全なる野党としての元老院を欲した。彼は元老院議員のなかから不徳の輩を除名し、その候補者二〇〇名ばかりを自発的に辞任させ、元老院の権威を高めようとした。そして、アウグストゥス自身は、この権威を高めた元老院の筆頭議員という名誉称号を受けた。

ギボンはこの件について、「もともと、この称号は国家への功労栄誉として、もっとも卓れた市民に監察官から贈られるものだったが、彼はこうして元老院の威厳を回復する一方、完全にその独立性上手だったのである。

を抹殺してしまったのである。かくて、立法権が行政府に任命をされるに及んで自由体制の大原則は、回復不可能の打撃を受けた」と指摘した。アウグストゥスの方が元老院議員たちよりも一枚も二枚も上手だったのである。

ところで、作家としてのギボンの偉大さは、読者にローマ帝国史の現代的意義をつねに意識させていることである。彼はアウグストゥスの治世を通して、わたしたちに「君主政体」がよいか、「共和政体」がよいかを熟考させるのである。むろん、彼自身が生きた時代の英国政治の現実とあるべき姿を十分に思い描いた上である。それは、二千年の時間を超えて、人間の作り出す組織やその集合体としての社会や政治が、そんな変わるものであろうか、とわたしたちに迫ってくる。

アウグストゥス時代——前二七〜後一四——の皇帝と元老院との関係を通して、わたしたちは明治時代の官僚政治の行き詰まりや、戦後長期化した自民党一党政治の弊害、さらにはワンマン社長と大企業病との関係について考えさせられるのである。皇帝と元老院議員たちとの一見蜜月のような関係は、それぞれに特権を与えつづけることによって、共和制といえどもその中身は空洞化していくのである。いつも共和制が君主制より安定的であるわけではない。

ローマの哲人といわれたセネカ（一?〜六八）(*)が「誰よりも多くの幸を神々から賜った人であったが、安らぎが与えられることを願い続け、国政から解放されることを求めてやまなかった」と描いた「神君」アウグストゥスには、ある種の聡明さと独裁への自覚があった。だが、皇帝という独裁的な地位は後継者にとっては既得権化し、民主政体がやがて実質上の独裁制へと変容した。「元老院は、異常ともいえるほど大きな譲歩を行い、……皇帝、すなわち国家最高の政務官として、彼等だけは不都合な法律や刑罰の適用から完全に排除されていた。……民会の類も、やがて永久に廃止され、自由を回復するどころか、ややもすれば安定した政府を攪乱し、おそらくは危うくするに到るかもしれぬ危険な大衆から、皇帝たちは完全に解放されることになった」かもしれないが、その代償はまた大きかったのである。賢帝アウグストゥスの時代にこそ、元老院議員たちは共和政体のあり方を熟考し、それを安定させるシステムを構築すべきであったのであるが、彼らは明らかにその機会を逸した。

この構図は、会長になっても代表権を手放さず、気に入らない役員を放逐しワンマン体制を続ける企業の行く末をあたかも暗示しているようだ。そうした老害の下で、役員会は物言わぬ、あるいは物言えぬ経営会議と化し、企業の将来を一層暗いものとする。

＊ルキウス・アントエウス・セネカ——現在のスペインで生まれ、ローマで育った。アウグストゥス死去のときにまだ一三歳であった。ティベリウス帝の時代に財務官となったが、クラウディス帝の時代に冤罪のためにコルシカ島へ流刑された。後に許され、ネロの家庭教師、法務官を務めた。ネロの皇帝時代には、執政官となりネロの側近を務めた。ネロ暗殺を企てたピソの陰謀事件に連座して——冤罪ともいわれる——、セネカはネロにより自死を強いられた。セネカはアウグストゥス帝について、「生の短さについて」でつぎのようにも描いている。「(アウグストゥスは—引用者注) 人と会話を交わすときは、いつもきまって、閑暇が望みであるという話に戻っていった。やがていつかは自分のために生きたいという、この、虚妄ではあれ、甘美な慰みでみずからを慰めながら、彼は喜ん

で労苦に堪えていたのである。」ちなみに、セネカはアウグストゥス時代に先立って、カエサルとの三頭政治を担ったポンペイウス、クラッススなどについては「ある者は公然たる敵対者、ある者は当てにならない朋友である者たちに振りまわされ、国家もろともに翻弄されながら、その国家が破滅に至るのを押しとどめようとして、ついには激浪にさらわれてしまった人であるが、順境のときにも平和は得られず、逆境にも耐えて、一理あることとはいえ、みずから称賛してやまなかった、まさにあの自分の執政官職を幾度呪ったことであろう。……」と記したが、これはセネカ自身の思いでもあったろう。セネカ（大西英文訳）『生の短さについて他二篇』岩波書店、二〇一〇年。

結果、元老院はますます空洞化していった。ギボンはいう。

「カエサルにしても、みずからは人民の保護者と称しながら、事実は国家体制を明らかに破壊していた。が、いまや元老院が貶しめられ、牙を抜かれたとなると、たちまち五、六百人から成るこの最高会議も、まことに従順となり、統治にとってのむしろ有用な一要具にまでなり下がった。」

こうしたなかで、ローマ帝国は「共和政体という擬態を装った絶対君主制」となっていくことになる。指導者たる皇帝が「賢帝」と呼ばれた時代が過ぎると、ローマ帝国の衰亡が加速されはじめた。賢帝亡きあと、チェック・アンド・バランスのシステムが形成されていなかったことのツケがまわってくることになる。わたしなどは、ローマ人は当時にあって統治システムの世界的に優秀なデザイナーであったと思うのだが、共和政体と絶対君主政体をまとめるシステムは段々とつぎはぎだらけのものとなっていくのである。

このシステムの矛盾を一挙に拡大させたのは、いわゆる愚帝や暴帝の登場であった。(*)ギボンは衰亡の時代を思い浮かべながら、皇帝と元老院の蜜月時代の危うさを描いていたのだ。拡大し巨大化したローマ帝国は、賢帝と賢い元老院の両輪なくしては長く維持することは困難となっていったのである。

＊　前述のマキアヴェリは『君主論』の「君主は軽蔑され憎まれるのを、どう避けるか」という章で、具体的事例としてローマ皇帝を取り上げ、彼自身の基準で賢帝論・愚帝論を論じている。まず彼が重視したのはローマ皇帝の特質である。すなわち、「ほかの君主国では、ただただ貴族の野望と民衆の驕りに対決すればいいのだが、ローマ皇帝のばあいは、兵士の乱暴と強欲にも耐えなくてはいけない。……これはやっかいなことで、多くの皇帝の破滅の原因にもなった。……兵士と人民をともに満足させるのは、きわめてむずかしいことだった。……生まれつきの性質からか、手腕がなくてか、両勢力（兵士と人民）を十分におさえこむほどの器量をもたない皇帝は、かならず滅んでいった。」具体的には、「マルクス、ペルティナックスやアレクサンデルは、いずれも謙虚な生活をおくり、正義を愛し、残酷をきらい、人間味があり、憐れみ深かったのに、みな悲惨な最期をとげていった。ただマルクス帝のみが例外……アレクサンデル……母親のいうなりに政治をした人物と見られて、軽蔑され、ついには、軍隊の反乱にあって、虐殺されてしまった。さらに、コンモドゥス、セウェルス、アントニアヌス・カラカラ、マクシミヌスの気性を取りあげてみよう。彼らがいちように残酷で、強欲なのに気づく。兵士の望みをかなえるために、人民に対してなしうる、ありとあらゆる暴虐を働いた。そして、セウェルスひとりを除いて、ことごとく非業の最期をとげた。」必然、マキアヴェリは、破滅したくなければ、君主たる者はこのセウェルス帝の「器量」から、軽蔑とか憎まれることの背後にある政治の何たるかを学ぶべきであると結論づける。前掲『新訳君主論』。

皇帝に対抗しうる力を保持するのは、実質上、軍隊だけとなっていくのである。ギボンは「アウグストゥス帝を脅かしていたのは、軍の驕慢ぶりだった。一般市民ならば、絶望的勇気をまって初めて企てうることを、軍の実力は、いつでも易々としてやってのけるのだった」と指摘した。それは軍部だけが有する絶対的武力（＝暴力）に起因するものであった。

事実、権勢を振り回し、多くの人たちを無益な死に追いやった暴帝ネロといえども軍によって暗殺された。一年半の内に四人の皇帝が軍人によって次々と葬り去られたこともあった。また、軍隊によって新しい皇帝があまりにも安易かつお粗末に選ばれたこともあった。こうして、軍の力がローマ帝国にますます大きな力を及ぼすようになっていった。

元老院を懐柔し、軍隊を手なずけることができた皇帝のみがローマ帝国を表面上、維持しえた。ギボンは「一人の人間の性格如何にかかる幸福というのが、いかに常ない不安定なものか、しばしばみずから省みる機会はあったに相違ない」と述べた上で、ティベリウス（在位一四〜三七）、カリグラ——本名ガイウス——（在位三七〜四一）、ネロ（在位五四〜六八）、ドミティアヌス（在位八一〜九六）という四人の皇帝下のローマ帝国の暗黒時代をつぎのように描いてみせた。

「もともと軍事力というのは、圧政のためには盲目、不可抗的な恰好の要具だったし、しかもローマ人習俗に見られた著しい頽廃は、必ずや君主の怯懦、貪欲、さては淫欲、残忍性をむしろ歓迎する多数阿諛の徒輩や、さらにはそれらを助長さえする権臣どもを生むだろうことが目に見えていた。……実に八十年間というもの、ローマは仮借ない暴政下に呻吟していたのだ。共和制時代の旧名門はすべて根こそぎにされ、また不幸なこの時期に有徳有能の人材は、ほとんど一人残らず葬られてしまった。」

いまもむかしも、「有徳有能の人材」を著しく欠いた組織に明るい未来などあるはずもない。やがて、表面上、華やかに栄えたように見えたローマ帝国の綻びがだれの目に明らかになっていくことになる。だが、それがローマ皇帝、元老院、市民たちによって早期に自覚されていたかどうかはまた別のはなしであった。(*) 少なくとも、その綻びに早期に気づいたのはローマ帝国の外部にいた人たちであったのではなかったか。いまさらながら、組織は外部によって崩されるのではなく、内部から崩壊するものであることを思わざるを得ない。ギボンが『ローマ帝国衰亡史』で貫こうとした大テーマの一つはまちがいなくこの点であった。

＊ カリグラ帝やネロ帝の下でローマ政治を身近に観察し、あるいはその中心にあったセネカは少なくとも、両帝のような暴政がやがてローマ帝国の寿命を縮めていくことを見通していたに違いない。セネカはこうした暴政のなかで、自分自身の精神のあり方への内省を深めることになる。セネカ自身は法務官執政官への就任を通して現実の政治に翻弄され多忙を極めるなかで、理想的な皇帝像に思いをよせつつ、「生の短さについて」、「心の平静について」や「幸福な生（人生）について」などの論稿を残した。セネカはかつてローマ政治の中心にいたポンペイウス（前一〇六～四八）、キケロー（前一〇六～四三）、カトー（前九五～四六）を思い起こし、つぎのように述べている。「最良の人々が最悪の不幸に遭遇するのを目の当たりにするとき、われわれは各々、自分にはどのような境遇が待ち構えていると思えよう。では、どうすればよいのか。彼ら一人一人がどのような態度を示したかを見てみるとよい。……称賛に値する人々を目にするたびに、われわれはその人を称賛し、こう言おうではないか。『人は、勇敢であればあるほど、それだけ幸福なのだ。今や、あなたはすべての災厄を免れている。妬みも病も。今や、あなたは監禁を解かれて自由の身だ。』……」（前掲『生の短さについて他二篇』）。

大組織の内部にいる人たちは、その中心で何が起こっているかについて案外気づかないのかもしれない。特に、巨大企業で事業部別にさまざまな事業が展開している場合、そこに働く人たちは自分たちの眼前の事業のことはわかっても、自分たちの属している組織の動向についてはわからないのかもしれない。

実感として、巨大組織の内部の人たちは新聞のニュースや取引先の関係者の情報から、自分たちの組織の行き詰まりを知る。外部の人たちのほうが取引条件などの変更によって、そうした組織の変調を感じることがある。行き詰まり実質上の倒産を余儀なくされた山一証券などのケースが一つの典型であったといえなくもない。

ローマ帝国の綻び

歴代の皇帝たちによって、ローマ市民にいろいろな楽しみが与えられていたことはよく知られている。「市民の敵意をそらすため、公衆浴場、柱廊、体育館などを次々と皇帝の名前で建て、市民たちの用に供した。……こうして大盤振舞らしいものをさえ与えておけば、市民の関心は眩惑され、連日地方で行われている流血事件など、ほとんど意に介せぬに決まっている」と皇帝たちやその取り巻きが考えていたのである。ギボンもそのように描いている。

しかし、皇帝たちは市民たちへ楽しみを提供するだけでは、自分たちの地位保全には十分ではないことにも気づいていた。彼らは軍事力の効果を信じた。軍事力は二面性をもつ。皇帝たちにとってはそれが外敵などに向う限りにおいて何も問題はない。だが、それが自分たちに向ったときの恐怖を感じていた。そうしたなか、軍隊を信じる皇帝が出てきて当然であった。そのため、ローマ帝国を守る軍隊のなかに、さらに皇帝を守る軍隊がつくられた。近衛隊である。ギボンは近衛隊についてつぎのように紹介している。

「やがてその放恣と狂暴さとで帝国衰亡を招く凶兆となるはずの近衛隊も、当時はまだ一万五千人に達するか、達しないかの程度であった。……近衛隊という強力な親衛部隊であり、叛逆の兆でも見えると、直ちに赴いて皇帝の身辺を衛り、元老院を威し、陰謀を未然に防いだり、また粉砕するわけだった。」

この近衛隊は、当初、ローマ市民たちには目立たないように、首都ローマへの配備は遠慮気味に少数――精鋭であったかは別として――にとどめられ、本隊は周辺地域に散在させていた。やがて、軍隊の反乱を恐れた皇帝たちは、近衛隊のすべての兵隊たちを自分たちのお膝元に置くようになっていった。

だが、ギボンは、宮廷内や元老院近くに近衛隊を置いたことがしばしば皇帝たちにとって命取り――皇帝に容易に近づき暗殺することが容易であること――になり、ローマ帝国の綻びを拡大させていったとみた。近衛隊の幹部たちにとって、皇帝は自分たちの手の届く範囲に常にいたのである。

ギボンは、その点について「やがて皇帝自身が、彼等にその実力と、また文民政治の弱点とを教えたことになる。つまり、君主たちの悪徳を目のあたり軽蔑をもって眺め、これまではただ遠くから神秘の想像を通して抱いていた畏敬の念を、すっかり忘れさせることに役立ったからだ。みずからまず実力の強大さを知るとともに、兵たちの自負は、豊かな都市の遊情奢侈の中で、とめどもなく高まっていった」と解釈した。近衛隊の幹部たちは皇帝に身近に接するにつれ、それまで遠くにあって仰ぎ見ていた皇帝の神秘性は剥がされ、自分たちの生命を投げ出す対象とは思わなくなっていった。

トップも含め軍人たちの多くは皇帝から空間的にはなれていたがゆえに、皇帝を仰ぎ見ることで皇帝の神格性を自分たちのイメージの中で大きく膨らませていた。皇帝たちに実際に接することなく、そのイメージ像が大きければ大きいほど、皇帝に仕える空想性に酔ったのである。だが、皇帝に間近に接することで、近衛隊の幹部のみならず、警護の兵隊たちの目には現実の皇帝たちが自分と等身大の凡人に映っていった。神格性が失われれば、つぎにくるのはある種の大きすぎる失望である。

近衛隊の幹部たちは皇帝の生命を直接左右しているのは自分たちであることに気づき、皇帝たちもまた同様に気づいた。以後、歴代皇帝たちは飴——賞与金——と鞭——処罰——を使い分け、近衛隊員たちの不正に時に目をつぶり、貨幣の多寡によって忠誠心を買い続けることになる。

やがて、地方の知事などもまたそのようになっていった。さらに、皇帝が近衛隊の幹部を選ぶというよりも、近衛隊の幹部たちが自分たちに都合の良い皇帝を選ぶようになった。こうした構図は、戦前の日本の軍人政治をわたしたちに思い起こさせる。ギボンの説明ではつぎのようになる。

「共和政終焉後のローマ軍将兵は、ただ主人選びのために戦うだけにすぎず、たとえば人気高い帝位候補者の麾下に集まる連中にしても、真の親愛感からそうするものはきわめて少数で、あるものは怖れから、さらにより多くはただ利害関係からだけであり、大義のためなどというのは皆無だった。……多額の賞与金が出たり、さらにより気前のよい公約が与えられたりすると、簡単に内戦へと誘われて行くのだった。」

近衛隊によって葬り去られた皇帝の存在は、後の皇帝たちをして、近衛隊の改革へと向かわせた。ただし、近衛隊そのものを解散させることなど不可能であったがゆえに、皇帝たちは近衛隊の構成メンバーを変えてしまった。ギボンは「これまでの近衛隊は、もっぱらイタリア本土から徴募されていたのだが、なにぶん近隣諸属州は漸次ローマの軟弱風俗に感染するばかり。そこで彼（セウェルス帝—引用者注）は徴募範囲を、マケドニア、ノリクム、ヒスパニアなどにまで拡大した。戦闘よりも、むしろ宮廷儀礼用にできているような従来の柔弱近衛隊は改編、代りにむしろ辺境全軍団から、体力、勇気、忠誠心など特に傑れた兵だけを随時簡抜し、栄誉の報償として、それぞれ適当の地位に昇進させ……新兵制により、イタリア出身の壮丁たちは武技の訓練からは外され、初めて見る蛮族兵たちの異様な風貌、習俗を前にして、改めて首都は慄え上がった」と、当事の光景を紹介している。

要するに、毒には毒をもって制することになったわけだが、これでもって、皇帝が近衛隊を完全にその支配下に置いた、とはいえなかった。ローマ帝国の政治はより強力な軍隊となった近衛隊の存在、とりわけ近衛隊長などの存在を一層無視しえなくなっていくのである。ギボンはかえって近衛隊の権力を高めてしまったセウェルス帝（在位一九三～二一一）についての後代の評価をつぎのようにみる。

「セウェルス帝の治下、輝かしいその泰平を謳歌した人々は、同時にもたらされた数々の残虐行為など、すべてこれを赦した。だが、その政策と実例が導いた致命的結果を、いやでも体験した後代の人々は、当然ながら彼をローマ帝国衰亡の主要な責任者として考えるようになった。」

セウェルス帝の及ぼした実害もさることながら、その実子のカラカラとその弟のゲタはともに皇位につかず、内輪で兄弟喧嘩をやっていた。だが、それぞれの利害関係者と軍人たちがからめば、事態は二人の兄弟喧嘩程度で済むわけもない。こうした二派分かれての政治抗争はやがて軍事抗争を生み出すものである。ローマ政治史は、事前的融和をはかることを中心に展開してきたにもかかわらず、この時期にはそのようなローマ人の知恵は過去のものになっていた。

ギボンはこの二人について「ローマ世界の甘い期待はまもなくこれら不肖児たちにより、見事裏切られることになった。両者ともに、世襲後継者という安易な安心感の上に、果報は寝て待て式の思い上りまで加わっていた。別に徳なり才幹なりを競い合うという意味ではなく、……相互憎悪は、年とともに激しくなるばかり……」と描いている。

セウェルス帝もおそらく予想していたように「両者の抗争は募るばかり。悍馬のカラカラが長子権を主張すれば、温厚なゲタは、国民および軍の親愛感を求めるといった始末」であった。

セウェルス帝がブリタニアで世を去ると、同族企業での兄弟同士の後継者争いのように、ローマ帝国内は兄弟二派に分かれての血生臭い抗争となった。結局のところ、軍に支持基盤をもっていたはずのゲタは、彼を守るはずの兵隊たちに殺された。

他方、カラカラ帝（在位二一一～二一七）は莫大なカネをつかい軍隊を手なずけたはずであったが、彼らの裏切りにいつもおびえることになった。俗っぽい言い方をすれば、ローマ帝国でもカネの切れ目は縁の切れ目であった。ギボンはカラカラ帝のカネ遣いの荒さの結果について、つぎのように指摘した。

「父セウェルス帝の金遣いには、おのずから慎重な抑制があり……カラカラ帝の野放図的濫費にいたっては……軍隊にとっても、帝国にとっても、結局は不可避の崩壊に結果した。将兵の士気とは、峻厳な軍規によってこそ鍛えられるものなのに、それが都市での奢侈生活で完全に崩れてしまったのだ。……こうした帝の性格や言動で、とうてい国民の敬愛心を摑めるはずがなかった。だが、ただそれらの悪徳が軍にとっては有難いものであるかぎり、叛逆の危険からは彼は安全だった。結局はみずからの猜疑心がつくりだしたある秘密陰謀が因となり、やがてこの暴君の死を招くことになった。」

ゲタと同様に、カラカラ帝もまた軍によって葬り去られたのである。セウェルス家系の皇帝たちがつぎつぎと消え去った後、三日間、ローマ帝国には皇帝がいなかった。この理由について、ギボンは「出自や実績からして軍の人気をつかみ、その投票を集められるような候補者が、一人としていなかったからである」とその背景をさらりと紹介しているだけだ。

また、ギボンは「近衛隊のもつ決定的実力ということが、やがて長官たちの野心をそそるようになり、これら有力高官連は、いっせいに空位の帝座を要求する法的権利を主張しはじめた」と皇帝空位の三日間の混乱ぶりだけを素描した。

カネと地位という「報酬」次第でどちらにも転ぶ軍隊の幹部たちが、いとも簡単に皇帝を葬り去り、軍の内部抗争の行方がローマ帝国の皇帝の決定に重要な影響を及ぼし始めたのである。当然、皇帝選出の職責をもっていた元老院議員たちは軍の動向を気にかけざるを得なくなった。

むろん、元老院議員たちも愉快であるはずはなかった。その後、選ばれた皇帝たちの傍若無人の暴君ぶりだけが今日に伝わっている。そうした暴君ぶりはいつ暗殺されるとも限らない皇帝たちの精神の不安定さと裏腹であったのかもしれない。

ローマ帝国の綻びは内部から始まり、その亀裂はますます大きくなっていったのである。軍への報奨金などの大判振る舞いはやがて国庫を空っぽにし、ローマ市民への課税負担だけではなく、属国に対する新たな課税や貢納金への依存度を高めていった。属国はこうした状況に不満をもち、やがてその不満はローマ帝国への反発として蓄積されていくことになる。

ローマ帝国防衛の気概は軍隊からいつのまにか消え去り、拝金主義だけが拡がった。ギボンは「帝政期最初の二百年間は、正規軍団もすべて謙抑に服従規律を守っていたが、その原因の一部は、明らかにこれら人物の影響、そのよき垂範にあったものと思える」と振り返り、ローマ帝国の衰亡の行方をつぎのように指摘した。

「ローマ体制の最後の埒が、ひとたびカラカラ帝によって踏み破られるや否や、地位階級の差異に代って、所有財産による差別までが漸次現れはじめた。たとえば、法律家や行政官として立つことは、より高い教育を受けた本土諸属州の市民だけに限られる資格ということになり、他方、武人という荒仕事は、すべて辺境諸州の農民、未開蛮族だけに委ねられるようになった。彼等の頭には、兵舎のほかに国家はなく、戦闘技術以外はなんの学もなく、文治の諸法はもとより、軍隊の紀律すらほとんど知らなかった。血腥い手、粗野な言動、ただ向う見ずの闘志だけが、ときには帝位を衛ったことも確かにあるが、はるかに多くは覆えすことの方に役立った。」

わたしたちの生命にも寿命があるように、ローマ帝国にも寿命がきていたのである。カラカラ帝の治世はこのことをローマ市民たちにきわめて手荒いやり方で予感させたに違いない。いかなる組織といえども、それは内部から精神的に崩れていくものなのである。組織にも明らかに寿命がある。

ローマ帝国の寿命

新皇帝をめぐるいざこざが血生臭いものであればあるほど、元老院の議員たちは君主制——君主政体——とはどうあるべきかを議論せざるをえなくなった。君主とは世襲制であるべきか、あるいは、それ以外の方法による賢明な君主の選出が妥当であるのか。このこと自体はきわめて健全で真っ当な政治的課題の設定である。

ギボンはこの点について「およそこの世で見られた各種政治型態の中にあって、もっとも豊富に諷刺材料を提供するのは、どうやら世襲君主制らしい。たとえば王が死ぬ。と、たちまち国という財産が、まるで一つの家畜群のように……何もわからぬ頑是ない幼児の手に、そのまま譲られることになる。……たとえ一般国民の感情には左右されない一つの継承ルールを確立したがるこの偏見にも、一応有用な便法として尊重に値するものはあるはず」と指摘する。

現実には、既述のように多くの犠牲者を出した血生臭い実験を経て、ローマ帝国では世襲君主制が定着しなかった。当初の名門家はなんだかんだで消滅していった。その結果、日本でいうところの下克上的な皇帝争いが展開した。ギボンの文章で紹介しておこう。

「帝位とは出生によって決まるものでなく、あくまでも実力実績によるというのが、誰しもの考えだった。ところが、いまや大胆不逞の野望が、法や慣例による健全な抑制から解放されたのである。いかに卑賤の生れといえども、勇気と運さえあれば、軍職に就いて立身を望むことは、少しもおかしくない。……アレクサンデル・セウェルス帝の横死、そしてそれにつづくマクシミヌス帝の登位後は、一人として帝位に安心しておれる皇帝はいなくなった。辺境蛮族の一農夫すらが、その心にさえなれば、すべて世界最高のこの顕職——同時に危険かぎりないものではあったが——を望むことができたのだった。」

ここでいうマクシミヌス帝（在位二三五～二三八）とは、アレクサンデル・セウェルス帝（在位二二二～二三五）が東方遠征の帰途、トラキアの地でローマ軍の一兵卒から突如とりたてられた人物であった。この乱暴者はアレクサンデル・セウェルス帝の即位によって、指揮官の地位にまで昇った。このようなことは現在でも、企業内での派閥抗争の結果としてあることではある。ところが、それが国という単位でおこなわれるとどうなるか。そこには悲劇しかないのである。

ゲルマン族討伐のために新兵たちを訓練している最中、荒っぽい兵士軍団は息子を溺愛する母親と元老院の狭間で、優柔不断で何事も決められないアレクサンデル帝に対して反旗を翻した。こんな皇帝に生命をかけることはできないと兵士たちの不満が爆発したのだ。ギボンは「マクシミヌスが錬兵場に出ると、いきなり各兵団が皇帝と叫んで彼を迎えた。とっさの衝動か、それとも計画された陰謀か、そこまではわからぬが、とにかく彼等はいっせいに大声を上げ、執拗な彼の固辞を圧倒し去った。そして引きつづきアレクサンデル帝の殺害となり、これで叛逆は完了した」と紹介した。

きわめて荒っぽいやり方で皇帝があっという間に葬り去られ、新皇帝があっという間に誕生したのである。これは突然の出来事というよりも、皇帝のために生命をかけ得るか否かを自問せざるを得ない兵士たちの長年鬱積した不満が解放された結果であった。アレクサンデル・セウェルス帝はそうした兵士たちの心が読めなかったのである。

こうしてマクシミヌスは、アレクサンデル・セウェルス帝を殺害して新皇帝となったのである。いとも容易に皇帝を倒すことができたマクシミヌスは、いとも容易に彼自身も葬り去られることを自覚せざるを得なかった。マクシミヌスは猜疑心に凝り固まっていっただけでなく、残忍性の強い皇帝としてローマ帝国史に名をとどめることになる。

いかなる組織にも寿命があり、そして帝国にも寿命があるとすれば、かつてローマ帝国の繁栄を導いた五賢帝との対比で、帝国を滅亡に追いやった五愚帝がいたともいえる。「紫衣身分として教育され、帝国の誇り、ローマの奢侈、そして阿諛の甘言によって毒された、いわば未熟の蕩児ばかりだった」カリグラ帝（在位三七〜四一）、ネロ帝（在位五四〜六八）、コンモドゥス帝（在位一八〇〜一九二）、カラカラ帝（在位二一一〜二一七）、そして、マクシミヌス帝（在二三五〜二三八）の五人であった。

マクシミヌス帝の場合、彼が唯一頼りにできるのは彼の出身母体である軍隊だけであり、つねに自らの「非正統的」な出自を気にした。ギボンは「血を好むマクシミヌス帝の残忍性は、当然ながらその臣下でも、とりわけ門地の高さ、才幹の優秀さで聞えたような人々に対し、なにかといえば猜疑の眼を向けた。造反の疑いが少しでもあると、恐怖のあまり、その残忍さは冷酷無慚、際限がなかった」という。残忍さを意地悪さに置き換えると、まあ、このような人たちはいまもいるだろう。

造反した者は造反に敏感であり、自分の周りに造反の気配を過敏すぎるぐらい過敏に感じ、取り巻き連中の裏切りにいつも怯えるのである。だが、造反への恐怖が自身の周りから溢れだし広がり始めると、造反する気など全くない人たちまで敵に回すことになる。造反の芽は早いうちに刈っておけということになり、本来、ローマ帝国を支えるべき多くの人材を葬り去ったのである。

結果、ローマ帝国に緊張が走り、殺される前に殺す、という論理が闊歩することになる。マクシミヌス帝に対抗するには、多少高貴な人間であれば誰でも良かったとまで言い切れないにしても、名門のゴルディアヌス父子（在位二三八）が選ばれ、元老院は彼らを皇帝として宣言し、カルタゴでマクシミヌス帝の気まぐれでいつ流れ落ちてくるかわからない血の雨に備えた。だが、父子ともにカルタゴの宮廷で属州の攻撃をうけて落命した。

次に、残忍な皇帝に対抗するために、元老院は政務・軍事で昇進してきたマクシムス、雄弁家で詩人のバルビヌスを選んだ。この人事決定は、元老院の幹部たちが事の進展を真剣に考えていなかった傍証である。問題は双方ともすでに高齢であったことだ。元老院はそうした老人では心もとないと思ったのか、偉大なゴルディアヌス帝の孫に当たる一三歳の少年まで引っ張りだした。

皇帝の選出をめぐっての軍事衝突が迫っていた。だが、またしてもここで、軍の裏切りがあった。マクシミヌス帝は息子、近衛隊長官たちとともに幕舎内で近衛隊の兵士によって斬殺されてしまった。軍人たちは「新」帝に寝返ったのだ。こうしてマクシムス帝があっけなく勝利を収めたが、ローマに残っていたもう一人の皇帝バルビヌスは元老院や軍隊の内紛に悩まされていた。二人の皇帝の間に対立が生じるのは時間の問題であった。ギボンはそのあたりの事情をつぎのように紹介した。

「元老院が二人の皇帝を選んだとき、おそらくそれは和戦両面の危機に備えるという表面上の理由のほかに、国家最高行政官の専権を二分することで弱めようという、ひそかな狙いがあったろう……まもなく権力上の嫉妬が、性格上の相違も手伝って、一挙に激化したのである。マクシムス帝はバルビヌス帝を有閑貴族として軽蔑するし、バルビヌス帝の方はまたマクシムス帝を、卑賤成上りの軍人として嫌う始末。」

またしても嫉妬である。対立は皇帝同士から、その取り巻き同士に広がり、疑心暗鬼がさらに募っていった。この対立に決着をつけたのはまたもや、軍隊——近衛隊——であった。彼等が両帝とも葬り去ったのだ。結局のところ、数ヵ月で六人の皇帝が生まれ、そして消えた。残ったのは若いゴルディアヌス帝（在位二三八～二四四）であった。どこかの国の凋落する与党のころころ変わった後継者人事が描かれているような錯覚に陥るではないか。

権力争いには嫉妬がつきものである。ローマ帝国の政治だけではなく、オランダの哲学者スピノザ（一六三二～七七）がオランダ政治の観察を通して、国家と法のあり方において、政治家たちの嫉妬がしばしば大きな動因だったと指摘したことからもわかる。作家の塩野七生もまた『ローマ人の物語——ハンニバル戦記（下）』で、嫉妬についてふれている。

塩野はローマ帝国とカルタゴのハンニバル将軍（前二四七～一八三）がぶつかり合った第二次ポエニ戦争で、スキピオ（前二三五～一八三）がザマの戦いで勝利を収めたにもかかわらず、元老院議員のカトー（前二三四～一四九）等によって裁判で葬り去られたことについて、「他者よりも優れた業績を成しとげたり有力な地位に昇った人で、嫉妬から無縁で過せた者はいない。ただし、嫉妬は、それをいだいてもただちに弾劾や中傷という形をとって表面化することは、まずない。嫉妬は、隠れて機会をうかがう。機会は、相手に少しでも弱点が見えたときだ。スキャンダルは、絶対に強者を襲わないからである」と指摘する。

ローマ軍を率いた勇敢な指揮官であったスキピオが健康を害したとき、カトー等はスキピオを告発し、彼の失脚を画策し弾劾し続けたのである。カトーを突き動かしたのは、若くしてローマ帝国のスターとなったスキピオへの対抗心であり、その底流にはスキピオへの嫉妬もあったにちがいない。(*)

＊　ローマ史の研究者などはややもすればローマ帝国などの社会構造分析などに重点を置き、そこに生きた指導者や武人などの人物像についてふれることがすくなかったが、近代におけるローマ史研究を切り開いたモムゼンの描写は生き生きしている。名将ハンニバルを打ち破ったスキピオの人物像について、ドイツのローマ史家モムゼンは、つぎのように紹介している。「一言でいえば、真性の預言者的性格を持った人物だった。民衆から聳え立ち、それどころか民衆の外に出ていた。王の心を持った男性であり、普通の王の称号を受け入れれば、そのことによってかえって自分の品を下げると考えていたが、しかしどうして共和政の国制が彼をも縛るのかがよく理解できなかった。自分の偉大さを確信していたので、妬みや憎悪については何も分からず、他人の功績は気軽に認め、他人の失策は思いやりをもって赦した。傑出した将校、洗練された外交官、しかもそれぞれの職に反発を感じさせるような特別に明瞭な特徴もなく、ヘレネス的な教養と完璧なローマ的な民族感情が一致し、さわやかな弁舌と優雅な立ち振舞いをそなえ、プブリウス・スキピオは、兵士や女性の心、同国人やスペイン人の心も、また元老院では競争相手の心、そしてカルタゴの偉大な敵対者の心をもつかんだ。彼の名前はすぐにあらゆる人の口にのぼり、自国に勝利と平和をもたらす定めのもとに生まれたスターであった。」モムゼン（長谷川博隆訳）『ローマの歴史Ⅱ―地中海世界の覇者へ―』名古屋大学出版会、二〇〇五年。

さて、皇帝たちが次々と消え去ったあとのことである。若いゴルディアヌス帝は岳父の助言の下に政治を進めることになった。が、この若い皇帝もまた近衛隊長官であり、軍が推し、元老院なども承認を与えたフィリップスによって葬り去られた。

フィリップス帝（在位二四四～二四九）の治世も安定しなかった。その治世期間は数ヵ月よりは長かったが、それでも五年間ほどであった。彼の死は暗殺とも戦死ともいわれ、真相は定かではない。おそらく、暗殺であろう。ギボンはこのフィリップス帝からガリエヌス帝までのおよそ二〇年間を「汚辱と不幸」の時代とした。

組織・精神・構造

ギボンは、建国後一千年を経過して、東はティグリス河、西は大西洋岸、北はアルプス山脈から、ライン河やドナウ河にまで拡張したローマ帝国の歴史区分とその特徴をつぎのように整理している。

(一) 最初の四世紀ほど――「ローマ人は貧困という厳しい道場で、戦争と政治の諸技術を身につけた。」

(二) その後三世紀ほど――「これら能力の積極的行使を行うとともに、好運のたすけもあって、ヨーロッパ、アジア、アフリカにわたる多数国家の上に絶対の大帝国を打ち樹てた。」

(三) 最後の三世紀ほど――「内部的にこそ衰退の兆しはあれ、うち見た限りは相変わらず隆盛のうちに過ぎてきた。」

だが、一千年の間に、ローマ帝国を構成した三五部族と、それぞれの部族――したがって、地域――を出身母体とする政治家、軍人、行政官などは、「大集団の中に埋没解消し、名前こそローマ人を名乗るが、すでにその精神はなに一つ受けついでいない何百万という隷属的属州民の中に同化してしまった」とギボンはとらえた。

ローマ帝国という巨大組織は、ローマ市民ではなく、もっぱら軍事的には辺境属州民や蛮族から徴集された「外人部隊」によって維持されるようになっていった。ローマ帝国という強力な組織も、伸びきったゴムのようになってしまうと、やがて弾性力を失い、すこしの力が加わっただけで切断するようになり、柔軟性を失っていった。

ローマ人はローマ帝国の市民という精神にではなく、もっぱら報奨金に忠誠を誓うようになった。国祖ロムルス(*)が建国したローマ帝国の歴史は、軍による皇帝暗殺の血生臭い歴史となっていくのである。ギボンは一見強固にみえた、偉大な皇帝による君主制国家たるローマ帝国の「構造的な脆弱性」をつぎのように総括した。

「その逞しい活力は失われてしまっていた。国民の勤勉性は、長年にわたる圧政下で完全に疲労沈滞していたし、軍団の紀律――他の諸美徳がすべて失われてしまったいまでは、これだけが国家の偉大を支える唯一の支柱だったわけだが、それすら歴代皇帝の野心によって蝕まれるか、優柔不断のために弛み果てるかしてしまっていた。防塞などよりも、むしろ軍そのものによって衛られていた辺境の固めも、いつのまにか内部からの腐敗を見せており、美しいその属州も、いまや帝国自体の衰退を見てとった飽くなき蛮族どもの食欲か野心の前に、いたずらに曝されたままだった。」

＊ロムルス――ローマの伝説上の建国者といわれる。レムスと双子の兄弟で、テベレ川に捨てられていた彼らを育てたのは牝狼であり、後にロムルスはそこにローマを建国したといわれる。中部ギリシアのカイロネイアに生まれ、

『英雄伝』を残すことになるプルタコス（前五〇年頃〜一二〇年頃）は、さまざまな伝説を紹介しつつも、「ロムルスの素性についてはは意見が一致していない」とした上で、そうした伝説についてつぎのように述べている。「ある人々はこの話の芝居がかった大げさなところを怪しんでいる。しかし、偶然というものがどんな立派な詩の制作者であるかを見ている人々なら、またローマの国事について、何か神的な起源を持つこともなかったであろうと思いめぐらす人々なら、この話に不信の念を抱いてはならない。」

ローマ建国後のロムルスの取り組みについては、プルタコスは「レギオ」という歩兵三千と騎兵三百からなる軍隊を組織し、「最もすぐれたもの百人を相談役に指名し、その人々をパトリキウスと、その集まりをセナトゥス（元老院）と称し」その後のローマ帝国の組織を作り出したと紹介している。また、ローマ皇帝の凱旋式の起源についても、ロムルスがその始祖であったとしている。「ロムルスは、どうすれば自分の誓いをユピテルにも喜ばれ、市民に喜んで見てもらえるように果たすことができるかと考えて、陣営にあったひときわ高い塀の木を切り倒して、戦勝記念柱のような形につくり、アクロンの武器を一つ一つ順序よくまわりに吊るしさげた。そして彼は体のまわりに衣服をまきつけ、紙を長くのばした頭に月桂冠をいただいた。……武装して軍隊の先頭に立って、勝利の歌を歌いながら、……行進していった。この行列がその後の凱旋の起源であり……」。

プルタコスはロムルスの「皇帝」ぶりについて、「自分の業績に自身を強め、威圧するような傲慢な態度をとり、民衆の気持ちから離れて、煩わしいそして怒りを誘うような一人支配へと移っていったが、それはまず第一に彼が身につけた衣装から現れはじめた。彼は紫の肌着を着こみ、紫の縁取りをしたトーガをまとい、背のある玉座に腰かけて謁見した。（中略）ロムルスは五十四歳になって、そこで王として君臨して三十八年目に、人間の間から姿を消したといわれている。」と述べる（プルタコス（村上堅太郎編）『プルタコス英雄伝』）。

他方、ドイツのローマ史家モムゼンは、「大抵の古いラテン人の都市よりも、健康的ではなく、実りも豊かなところではない。ブドウの樹も、ローマのすぐ近隣の周辺地域ではあまり成長しないし、滾々たる泉にも欠けている」ローマの建国伝説について、「その地に都市を建設させた必要性、いやむしろある特別な理由があるに違いないとも言われている。すでに伝説が、この奇妙さを感じ取っている。アルバの王者の息子〔王子〕であるロムルスとレムスに指揮されて、アルバからの逃亡者がローマを建設したという小話は、このような恵まれないところに場所を設定するという特殊な成立状況を明らかにし、同時にローマの起源とラティウムの普通の中心都市とを結びつける、最古の似非歴史の素朴な試みにすぎない。歴史を装おうとして、まことに才気溢れるなどとは言えない間に合わせの説明に終わっているこの類の作り話から、歴史というものは何にもまして自由である必要がある」とこの種の伝説にそっけない解釈を下している（モムゼン（長谷川博隆訳）『ローマの歴史Ⅰ―ローマの成立―』名古屋大学出版会、二〇〇五年）。

組織とは外部からではなく、内部から崩れ去るものである。そして、内部から崩れる組織はまことに弱いものだ。「ギボン組織論」の要諦はまさにこの主張にあると言い切ってもよい。ローマ帝国の弱体をみてとった「蛮族」は、まずローマ帝国の属州から攻め始め、じわじわとローマ帝国の中心地へと迫っていくことになる。

ただし、そのような蛮族――もちろん、その末裔である現在の欧州各国の国民はそのような名称を忌み嫌うであろうが――が、ローマ帝国への対抗意識、さらには自分たちの王権国家の意識を生み出したのは、そもそもローマ帝国の成立がきっかけでもあったのである。ローマ帝国の成立と拡張は、反ローマ帝国のモーメントをゆっくりと始動させていたのである。権力の行使には作用と反作用があるのである。

フィリップス帝のあとのデキウス帝（在位二四九～二五一）のころには、ゴート人がドナウ河岸でローマ軍と交戦し、すでに弱体化していたローマ軍は敗れている。ローマ帝国の支配下で軍事力を着実に増強させてきたゴート人はローマ帝国の属州を果敢に攻めていった。デキウス帝はゴート人との戦いで戦死した。

後継帝となったガルス帝（在位二五一～二五三）の初仕事は、かつての皇帝のような華々しい領土拡大の勝利戦と凱旋ではなく、惨めな敗戦処理であった。ゴート人との戦争はローマ帝国を軍事的にも、財政的にも、そして精神的にも疲弊させていった。そのような過程で、ローマ帝国は確実に消耗していったとみて間違いないだろう。ローマ帝国の滅亡はすぐそこに迫っていたのである。

第一章　組織の論理構造

神々は、同じ人間にすべてを与えることはなさらんのだな。貴殿は勝つことはご存知だが、勝利の使い道をご存じない。

（リーウィウス『ローマ建国史』より）

勝利と平和の代償

冒頭の引用は、ハンニバル将軍（前二四七～一八三）率いるカルタゴ軍が、ローマ帝国軍を打ち破ったときに、配下の騎兵隊長マハルバルが一気にローマ帝国の首都ローマを攻め落とすべきと進言したにもかかわらず、ハンニバル将軍が軍を動かそうとしなかったときに述べたといわれる。ゆえに、ハンニバルは後世の歴史家たちや軍事評論家たちからも勝利の使い方を知らない愚かな将軍とされたのである。

だが、ローマ史学者の長谷川博隆はハンニバルの人となりについて、彼に関する人物像が敵方のローマの立場から描かれている以上、そうした評価にはある種のバイアスがあることを指摘する。当然である。長谷川自身は、ハンニバルの、勝利の使い方に関わる政治家としての資質はともかくとして、戦場での指揮官としての資質について高く評価する。長谷川は『ハンニバル―地中海世界の覇権をかけて―』でハンニバルの人物像をつぎのように分析している。

「ハンニバルが、イタリアの戦線でただの一度も兵士の謀反・叛乱を起こさせなかったのは、やはり強力な統率力で兵士の心をいかに把握していたかを示すものであろう。……各戦闘の布陣などにも、彼の統御手腕は歴然としている。一方でそうしたことを認めた上での、彼の将軍としての兵士掌握の腕の見事は、いかなる人も疑いを入れないところであろう。」

他方、作家の塩野七生もまた『ローマ人の物語―ハンニバル戦記―』で、若き将軍ハンニバルの戦い方をじっくりと検討した上で、アルプス越えでローマ人の本拠地まで大きな犠牲を払いながらも、異なる民族からなるいわば外人部隊を率いて攻め込んだこの人物の、軍人としての才能をきわめて高く評価する。

だが、カルタゴ軍という多国籍大組織を率いたハンニバルのような優秀かつ指導力をもった人物(*)がいつも組織の頂点に立って、修羅場にあって組織を効率よく動かすことができているわけではない。組織が大きくなればなるほど、指導者が大規模組織をうまく機能させるのはそんなにたやすいことではない。すこし経営学の組織論に引き寄せていえば、多国籍企業のトップ経営者が異なる文化をもつ社員たちをどのように適材適所で使い、彼らや彼女らの持ち味をいかにうまく引き出すか、それは異文化理解を組み込んだダイバーシティ・マネジメントの課題そのものである。組織とはどのようなものであれ、大きくなればやっかいなものなのである。

＊　ハンニバルのこのような指導力については、すでに前章で紹介したニッコロ・マキアヴェリもまた高い評価を与えている。マキアヴェリは『君主論』の「冷酷さと憐れみぶかさ。恐れられるのと愛されるのと、さてどちらがよいか」という章でハンニバルについてつぎのように論じた。「いざ君主が軍隊を率いて、あまたの兵士の指揮にあたるとき、そのばあいには、冷酷、などという悪名など、頭から無視してよい。こうした悪評が立たないようでは、軍隊の結束をはかり、軍事行動に備えることなど、けっしてできはしない。そのハンニバルの目覚ましい活躍には、このことも含まれている。彼は、無数のよいときも悪いときも、一度として軍団のなかで、兵隊同士の内輪もめや、指揮官への叛乱が起きなかった。このことは、ひとえにハンニバルの非人道的な冷酷さのおかげだった。幾多の徳性をもつとともに、彼のこの気質が、配下の兵士の目からは、つねに、敬服してやまない、恐るべき存在と映ったのであった。もし、この気質がなく、ほかの資質だけだったら、彼はあれほどの成果をあげることはできなかったろう。」マキアヴェリ（池田康訳）『新訳君主論』。

なお、前章でも取り上げたハンニバルと第二次ポエニ戦争でぶつかり合ったスキピオについて、マキアヴェリは、「同時代のみならず、およそ世人の記憶にのぼるすべての時代をとおして、じつに傑出した人物である」と述べつつも、スペインで配下の兵士から謀反が生まれたことについては、ハンニバルとは対象的に、彼の「気楽な気質」に起因した中途半端な「温情」がその原因になったときわめて手厳しい評価を下した。ここで気になるのはローマ研究、とりわけ、その政治構造や経済構造などの解明で大きな役割を果したローマ史家モムゼンのハンニバル像である。紹介しておこう。

モムゼンはアルプス越えで大きな犠牲を払いながらも兵隊たちをつき従えたハンニバルの将としての器について、「軍勢を引き連れてハンニバルは前二一八年春、カルタゴを発ってエブロ河に向かった。とられた措置、とりわけケルト人と結ばれた協力関係、征旅の手段と目標について、彼は兵士たちに多くのことを知らせたので、長い戦争によって軍事的な感覚が鋭くなった兵卒も、指揮官の明晰な眼差しと確かな手腕を感じて、確固たる信頼感をもって見知らぬ遠隔の地までこの人物に従ったのである。ハンニバルが祖国の現状やローマ人の要求を情熱的な演説で彼らに示すと、大切な祖国の奴隷化、また敬愛する将軍とその幕僚の引き渡しという屈辱的な不当要求などが、すべての者の胸のうちに兵士精神と市民感情とを燃え上がらせた」と紹介している。モムゼン（長谷川博隆訳）『ローマの歴史II―地中海世界の覇者へ―』名古屋大学出版会、二〇〇五年。

「組織」では、ピーターの法則(*)にもあるように有能な者だけがいつもそのトップに昇るわけでもなければ、トップが部下よりもつねに優秀である保障もないのである。ローマ帝国においても、賢帝のあとに賢帝が続くとはかぎらず、愚帝のあとに賢帝が返り咲いたこともあれば、愚帝の時代が繰り返された時代もあった。組織の編成原理やその実際の運用はそれほど単純なものでは決してないのである。

＊ ピーターの法則――南カリフォルニア大学の教育社会学者ローレンス・ピーターが教育委員会などの組織観察を通じて「発見」した法則である。能力主義の階層的社会においては、有能な人びとは無能になるまで昇進して、組織そのもののあり方を変えていくことになる。ピーターは階層社会学を提唱した。詳細はつぎの拙著を参照。寺岡寛『逆説の経営学―成功・失敗・革新―』税務経理協会、二〇〇七年。

組織を長期間活性化させつつそれなりに維持し、あるいは、そうした組織の活性化のために改革に乗り出すことほど厄介なことはない。ゆえに、現在にいたるまでさまざまな人たちによってさまざまな組織論や組織改革論が発表されてきた。

すでに何度も強調したことだが、ローマ帝国の歴史はローマ皇帝の歴史でもある。ギボンがかなりの頁数を割いて入念に描いた皇帝もあれば、取り上げるまでの価値がないと判断したのか全くふれなかった皇帝たちも多い。ギボンの「歴代皇帝すべてについて、即位後の行動を一々詳細に語ることは当然不可能であるし、ましてそれ以前の私的運命など辿っている暇は、なおさらない」というにべもない言い分は、もっともすぎるぐらいもっともである。

こうしたギボンの物言いの背景には、皇帝に昇り詰めるまでの途がローマ帝国の歴史において決して単線ルートではなく、時に複線――要するにケースバイケース――となっていたことがあった。というよりも、予期もせぬ「脱線」の結果というケースもあった。たとえば、ゴート戦争に終止符を打ったアウレリアヌス帝（在位二七〇〜二七五）などは、父親が農民であり、一兵卒として軍に入隊し、その武勇でもって百人隊長（ケントゥリオ）、幕僚（トリブヌス）、司令官（プラエフェクトゥス）、幕営監軍（ドゥタス）を経て将軍へと駆け上った。ゴート戦争のころには、彼は騎兵隊総司令官の要職に就きローマ軍を率いている。

アウレリアヌスはゴート軍との戦いでめきめきと頭角をあらわし、執政官となり、元老院の最高位にあったクリニトゥスの養子となり、ローマ皇帝へと昇った。ローマ皇帝在位期間はわずか五年にも満たなかったが、ガリア、ヒスパニア、ブリタニアで輝かしい戦果を上げ、ローマ帝国の偉業を取り戻した。ローマ市民は熱狂的に彼を称えた。

このアウレリアヌス帝は、先にみたハンニバル将軍とは大いに異なり「勝利の使い道」を知っていたに違いない。彼は軍事的勝利のあとに、ゴート族と条約を結び、ローマ軍をダキア州から引き上げさせた。アウレリアヌス帝はローマ帝国による直接支配を避け、ゴート族とヴァンダル族にその支配を譲っている。間接支配が有効だとみたのであろう。ギボンは「そこは男らしく、辺境縮小によって得られる実質利益を確信していたのであり、そのためには見かけ上の屈辱など意に介しなかった」とアウレリアヌス帝の決断を大いに賞賛している。

また、アウレリアヌス帝はすでにローマ帝国の衰退を見通していたのか、首都防衛が必要となる日に備えて、ローマを取り囲む、より強力な城壁の建設に取り掛かっている。戦いに強く聡明であったアウレリアヌス帝は、勝利と平和の代償の行方を知っていたに違いない。ギボンはこのようなアウレリアヌス帝をつぎのように評価した。

「アウレリアヌス帝の武威は、ローマ帝国内外の敵をことごとく破り去った。また峻厳な粛清政策により、一切の犯罪、派閥抗争、姦計、諸悪の黙認、弱体なくせに高圧だけは加える悪政の蔓延など、あげてことごとくローマ世界から根絶やしにされたと伝えられている。だが由来、腐敗の進行は、その矯正よりもはるかに早く、また混乱のまま放置されてきた歳月の方が、帝の武断統治に残されたわずか数ヵ月の生命よりも、はるかに長かったという事実をつぶさに考えると、とうていこんな短期間の平和が、この困難な改革事業にとり不足だったことは、率直にいって認めなければならぬ。」

聡明なアウレリアヌス帝は、ローマ帝国内外の敵と実によく戦ったが、真の敵はローマ帝国の外にある部族ではなく、ローマ帝国内にあることを見通していた。彼が苦心して築き上げた組織体制は外部からの攻撃ではなく、内部抗争から崩れ去っていくのである。とりわけ、軍内部の絶え間ない抗争、軍と元老院との政治権力をめぐる対立などが皇帝の生命を奪う。恐れを懐いた皇帝は軍と元老院を操ろうとその場かぎりの妥協を繰り返し、結局のところ、ローマ帝国を徐々に衰退させていったのである。組織とは机上で思い描き作り上げるのはきわめて簡単だが、それを精力的に維持するのはたやすいことではない。ギボンはいう。

「歴代ローマ皇帝の不幸は実に惨たるものだった。治世の跡はどうであろうと、最後はすべて同じ非命に仆れた。逸楽に耽ろうが、君徳を積もうが、峻厳だろうが、寛宏だろうが、いや、また懶惰だろうが、栄光を齎そうが、非業の死という点では同じだった。ほとんどすべての治世が、叛逆、そして殺害という忌むべき反覆で、幕を閉じられている。」

アウレリアヌス帝もまた信頼していた側近の裏切りにあった。賢帝といわれたアウレリアヌス帝といえども、図らずも愚帝と同じ運命を辿ったことは悲劇以上であり、あまりにも皮肉であった。ギボンは「軍はこぞってこの常勝皇帝を讃美し、悼み、直ちに復讐を果した。すなわち、裏切り者たる秘書官の姦計はたちまち発覚、処刑を受けた」と指摘している。

そして、またしても問題は、後継帝の選出をめぐるものであった。新皇帝選びは権力者それぞれの思惑が入り乱れる中で難航し、皇帝空位は何と八ヵ月に及んだのである。軍も元老院も互いの勢力拡大を恐れ、牽制し合った結果、双方ともに皇帝候補者を推挙しなかったからだ。

伝説上のローマ帝国の建国者ロムルスの死後にも皇帝空位の時代があったといわれる。だが、それはローマ帝国がまだ初期の小国であったころの話だ。ローマ帝国が興隆の時代を過ぎ衰退に入っていた当時、八ヵ月も空位が続いたことをどのように解釈すべきなのだろうか。ローマ帝国の人びとの危機意識とはいったい何であったのかと考えてしまう。

ローマ市民たちの危機意識の薄さというよりも無さを、逆説的に、アウレリアヌス帝の遺徳といってしまえば、それまでだ。アウレリアヌス帝の善政下でローマ市民の平和ボケがあったことはたしかであろう。ただし、アウレリアヌス帝の遺徳はローマ帝国を取り巻く蛮族には全く通じなかったようだ。

結局、元老院が召集され、老帝タキトゥス（在位二七五～二七六）が選ばれた。外敵にローマ帝国の健全さを示すために、タキトゥスは外征した。しかし、このころにはおそらく健康をすでにかなり害していた老帝にはこの遠征が寿命を縮めるものとなり、すぐに没してしまった。あとは日替わりメニューのように皇帝がつぎつぎと替わっていった。

ようやく、ローマ帝国がアウレリアヌス帝の時代に平定した地域からの反撃に対抗できたのは、しばらくしてからであった。それはプロブス帝（在位二七六～二八二）の登場によってである。プロブス帝はガリア諸州でのローマ軍の劣勢をなんとか巻き返した。彼はライン河からドナウ河にかけて防壁をつくり上げ、外敵に備えたのである。

もっとも、そうした兵站の伸びきった防衛ラインを守るには、さらに多くの兵士を必要とするのが軍事上の常識である。彼はゲルマニア諸邦にローマ軍防衛陣地へ屈強な兵士たちを派遣させることを求めたのである。ゲルマニア諸邦の部族たちが相互に協力してローマ帝国軍の中枢部隊に対し蜂起しないように、プロブス帝は彼らを小部隊としてローマ軍に編入したのだ。

もはや、ローマ帝国をローマ市民軍で防衛するかつての古き良き時代は過ぎ、外人部隊による補充なしにはローマ帝国内の平和を維持することはできなくなっていたのだ。ローマ帝国の軍事体制は明らかに変質していた。

ギボンはこのあたりの事情を「イタリア本土や周辺諸属州は柔弱化がひどく、とうてい軍務の重荷になど堪えられなくなったのだ。もっともラインやドナウ辺境地には、まだ剛強の気風が残っており、心身ともに軍務に堪えうる壮丁も数多くいたが、これまた相次いだ戦争の結果、その数は漸減の一路をたどっていた。結婚は減る、農業は荒廃するといった風で、当然人口の増殖は影響を受け、現在の民力が衰えたばかりか、次の世代への期待までが断たれてしまったのだ」と説明する。この説明は、ローマ帝国内の純粋なるローマ市民の人口数に着目しており、ギボンの社会構造分析の確かさがみてとれる。

ローマ帝国をローマ市民の軍隊だけで維持できない時代がすでに来ていたのだ。プロブス帝は各地の内乱に苦慮しながらも、ローマ帝国をなんとか維持しえた。だが、プロブス帝が外人部隊の軍人たちに軍事だけではなく、さらに帝国の食料を作り出す農民の役割と義務を要求したことが、軍人たちの怒りを買うことになる。「世界の平和さえ実現すれば、常備軍も傭兵軍も不要となり、やがては廃止するつもりだというのだ。不用意なこの一言が、結局はその死を招くことになった」のだ。

大組織を率いる指導者の言葉を直接耳にする者はきわめて少ない。必然、その言葉が大組織の末端にまでそのままに届くことなどはまずありえない。それぞれの立場の者が自分の立場と利害から解釈して、下位へと伝えるのである。指導者たる者は寡黙であることが身を守る手立てであるともいえよう。組織とは指導者の一言で鼓舞されることもあれば、その一言で崩壊してしまうこともある。

プロブス帝もまた軍人によって葬られた。軍の幹部たちは手近なところで近衛隊長を次なる皇帝として選んだ。ローマ帝国の皇帝の地位と権威も軽くなったものである。その後も皇帝の首は簡単にすげ替えられた。そして、軍の主導によって、元老院の権威もまた葬り去られたのだ。ギボンは元老院についてつぎのようにいう。

「アウグストゥス帝このかた歴代帝は、彼等の智略、気紛れ次第で、どんな法の制定でも勝手に行うことができたが、ただそれらの法も事後には必ず元老院裁可という追認を受ける必要があった。古来の自由という形態が、元老院での審議、そして決議という形で、依然として守られていたからだった。」

ローマ帝国政治の「チェック・アンド・バランス」の要としての機能をもった元老院は、ローマに地理的には存在したのである。だが、肝心の皇帝がローマで在位することに固執しなくなってからは、元老院の法的機能など人びとから忘れられていった感があった。その結果、皇帝は「はるかに巨大な権威を帯びたものとして理解されるようになった。すなわち、もはや単にローマ軍最高司令官というだけでなく、むしろ全ローマ世界の君主、主権者を意味するようになった。最初はただ軍事用語としてだけ用いられたこの称号に、いま一つ一段と隷従関係を意味する呼称が加わった」のである。

元老院が弱体化し無力化していくと同時に、軍の暴力を背景にした皇帝の権威は、それまでの「市民間ではごく打解けて話もし、敬意といっても、普通元老院議員や政務高官たちに払うそれと、まったく変りなかった。ただ主たる違いは軍の最高司令官を象徴する紫衣だけであった」皇帝とは異なる皇帝像をローマ帝国に広めることになっていった。

ギボンによれば、ペルシア宮廷風の儀典や王冠なども皇帝の権威づけに利用されていったとされる。かたちとして見える権威づけがローマ帝国の皇帝に必要となったのだ。ギボンは「それが専制主義進展の兆候」であったという。当時のローマ市民が直感的にそうした変化に気づいたかどうかはわからない。後世の歴史家だけがわかるのかもしれない。すなわち、

「ただ豪奢華麗の外容が、しばしば大衆の心を圧倒する上に有効であり、また、帝という以上なるべく一般の眼から隔てられている方が、粗野な民衆や兵たちの不作法に曝される公算が少なかろうということ、さらにはまた人間、屈従に慣れてしまうと知らず知らずに尊崇の念を抱くようになる。」

何事でも、内実がなくなると、その分、外観が必要以上に飾られることになるものである。それで、

内部の腐敗が隠されるようになるということなのだろうか。人もまた中身のない人ほど威張るともいう。ギボンはローマ帝国の内部的崩壊は学芸――学問――の衰亡にも表れたとみる。ギボンは当時の学問水準についてつぎのようなそっけない評価を下している。

「内戦による帝国の混乱、軍閥の跳梁、蛮族の侵入、専制政治の進行等々、これが精神、とりわけ学芸にとって甚だ好ましからぬものであることは、いまさらいうまでもあるまい。……ディオクレティアヌス帝自身すらが、政務には精励、また有能でもあったが、学問、思索という点ではまったくの無知だった。……ある程度の能力、また知識をもった専門技術家が、かなりの人数つねに輩出するわけだが、今日これら両分野の学徒が、この当時活躍した高名の師匠を手本に仰ぐ余地は、まず皆無に近い」。

学問も、その価値を認める政治の最低限の安定があってこそ発達するものである。ディオクレティアヌス帝（在位二八四～三〇五）によって確立された諸勢力の均衡政治も、皇帝自身が健在であったからこそ保たれていたのである。だが、ディオクレティアヌス帝という人格が支点となって成立していたローマ帝国の政治均衡は崩れ、その後、マクシミアヌス帝（副帝在位二八五～二八六、正帝在位二八六～三〇五）を経て一八年間にわたってローマ帝国を消耗させる内戦状況が続くことになる。

二人の副帝コンスタンティウス（在位三〇五～三〇六）とガレリウス（在位三〇五～三一一）がともに正帝を名乗り、互いにその立場を譲らなかったのである。内輪もめほど組織を内部から蝕むものはない。二人の皇帝が存在すること自体が、ローマ帝国の内外に向かって、その脆弱化した組織の内情を知らせるようなものであった。両帝はそれぞれの属州を分担支配したが、この均衡はやがてそれぞれの利害関係者の思惑をたっぷりとはらんでローマ帝国を不安定化させていった。ローマ帝国は着実に衰退への途を歩んでいたのである。

＊　ディオクレティアヌスがマクシミアヌスを自分の右腕格の「副帝」として任命したことでローマ帝国の二頭政治が始まることになる。この時期のローマ帝国が皇帝単独で帝国領土を防衛することが困難になっていたことを反映している。やがて、コンスタンティウスとガレリウスが副帝として加わることになり、いわゆるローマ帝国の四頭政体制が始まった。企業の組織論からすれば、経営トップで代表権を持つのは会長ディオクレティアヌスであるが、その下に社長のマクシミアヌス、二人の副社長としてコンスタンティウス、ガレリウスの配置であった。担当領域はディオクレティアヌスが東方担当で正帝で組織上のトップ、その下に副帝ガレリウス、西方担当が正帝マクシミアヌス、その下でコンスタンティウスがローマ帝国の防衛にあたることになるのである。

コンスタンティウス帝がブリタニア遠征の帰途に亡くなると、コンスタンティヌスが後継者として推挙されることになった。ギボンはこの「人事」について、「今日ではすでに世襲相続という観念が、すっかり定着してしまっているので、たいていの人間がこれを道理上も、また人情の自然からも、当然のことのように考えるのだが、本来はただ私有財産だけに関した原則を、勝手に人々が国家統治権にまで拡大して考えるからにすぎぬのであり、かりにもし明君だった父帝の死後、国民からの評価、いや期待までが、当然その後継者と推すような遺児でもいると、親愛感とも相俟って、この謬見がいわば不可抗の力としてはたらくことになる」と解説を加える。

これは、広く国民から選ばれるはずである国会議員制度であるにもかかわらず、現実には地盤と看板をただ血縁ということで引き継ぐようなものである。彼らや彼女らは地盤・看板の相続税なども課されることなく、先代議員に連なる利害関係者との癒着もそのまま引き継がれるのである。政治改革が盛んに唱えられつつも、その担い手たる議員を選ぶ選挙で、何代にもわたって政治家を「家業（生業）」とする人たちが選ばれる日本の現状そのもののような話でもある。そのような国が、ローマ帝国と同様に衰退に向かわないはずはない。

政治家の世界だけではない。株主としてほんの一部の持ち分しかもっていない創業者の二代目が、後継者として選ばれる事例もわたしたちの周りにある。こうしてみると、ローマ帝国の時代からかなりの時間を経た今でも、人間の社会の本質などは変わらないのではないかと考えさせられるのである。

他方、もう一人の皇帝のガレリウスはどうも野心満々の人物であったらしい。元老院議員たちは新皇帝を危険視し――だったら、選ばなければよかったのに――、新皇帝がローマ市を特別扱いせず課税しようとしていることを知ると、「異邦出身の暴帝をイタリアから追放、かわりに正真正銘ローマ皇帝として恥かしからぬ人物、すなわちローマ市をその常住首都とし、またその統治方針においてもローマ皇帝の名に値いするごとき元首」を探し求めるようになった。これでは元老院としての権威があまりにもなさすぎるではないか。元老院のかつての権威も地に落ちたものである。わたしだけでなく当時のまともなローマ市民ならそう思ったに違いない。だが、元老院議員はそう考えなかったのだろう。
そうなると、事情はさらに複雑化した。政治的対立の妥協とはいえ、正帝や副帝という称号の乱発は、やがて話し合いを超えて武力による決着をもたらすものである。人びとは名称だけの権力では満足しないものである。実質的権力を求める争いが待っていた。ギボンはその状況をつぎのように描写する。

「かくしてローマ世界の皇帝六名という空前絶後の異常事態が生れた。西方ではコンスタンティヌス、マクセンティウスの両人が、一応その父マクシミアヌスを正帝として奉ずるし、東方ではまたリキニウスとマクシミヌスが、これまた恩人ガレリウス帝を、より以上の敬意を払って守りたてる始末。」

「いまやローマ帝国は完全に対立する二大国家に分裂してしまった」とはいえ、すぐにはこの分裂が、二大勢力に破局をもたらさなかった。なぜなのか。ギボンはその理由について「双方ともに相手方を怖れていたために、一応表面上は平和が保たれ、ときには偽りの和解すら成立したこともある」と述べている。

だが、そのような均衡もいつまでも続くわけではなかった。それはその後のローマ帝国の命運を知る現在のわたしたちにとっては自明である。均衡のあとの激しい内戦によって、ローマ帝国は自壊していくことになる。ローマ帝国は愚かな政治という自重に耐えきれなくなったのである。
いまに伝えられているマクセンティウス帝（在位三〇六～三一二）の治世はお世辞にも評判が良

かったとはいえない。それはガリア諸州でのコンスタンティヌス帝の善政に対して、イタリアやアフリカでの暴政――残忍性、貪欲、乱行、法と裁判の悪用など――が今日に伝わっていることからも理解できよう。

コンスタンティヌス帝（一世、大帝とも呼ばれる、在位三〇六～三三七）がマクセンティウス帝討伐に振り向けた軍勢は実際にはそう多くなかったが、軍勢は比較的容易にローマ近郊まで迫ることができた。反撃に出たマクセンティウス帝は狭い橋に押し寄せた自軍の兵士たちに押されて河中に転落し、溺死したといわれる。コンスタンティヌス帝は、予期せぬ突然の勝利を手にしたのである。ローマはコンスタンティヌス帝を受け入れるしかなかった。ギボンはコンスタンティヌス帝のローマでの施政をつぎのように紹介した。

「この尊大な部隊（近衛隊―引用者注）は、コンスタンティヌス帝によって永久に壊滅させられてしまった。……ローマ市常駐の軍を全廃することにより、帝は元老院や市民の権威にも致命的打撃をあたえた。武装を剥奪された首都は、以後帝の遠隔支配によって受ける侮辱や無視に対しても、ただ素手で対処するよりほかなくなった。」

コンスタンティヌス帝がローマに滞在したのは実にわずか数ヵ月であり、その後も二回ほど訪問したにすぎなかった。やがて、ローマはリキニウス帝（在位三〇八～三二四）に譲られ、二分割されたローマ帝国は、西方の帝国と東方の帝国となった。西ローマ帝国、東ローマ帝国の二つのローマ帝国の時代がやってきたのである。

この間も、この二つの帝国をめぐる歴史は血に塗られていくことになる。その後、コンスタンティヌス帝の再度の戦勝によって、ローマ帝国は再統一される。だが、この再統一も、ローマ帝国の衰亡を防ぐことにはならなかった。ギボンの筆で紹介しておこう。

「その間に流された夥しい人血と財宝の浪費、また不断につづく租税負担の加重、軍事費の増加ということが、さらに大きく帝国衰亡の傾向を早めたからである。それはともかく、この革命の齎した最初の劃期的結果は、首都コンスタンティノポリス市の創建と、そしてキリスト教の公認だった。」

ローマ帝国はまたもや内紛によって優れた人材と財宝を失い、帝国の寿命を縮めていくことになるのである。財宝はまた取り返せばよい。しかし、人材となれば全く別である。内紛は外部からの攻撃よりも、組織を着実に朽ちさせていくのである。

ローマ帝国という大組織を支えてきた逸材たちを失うことで、ローマ帝国はやがてどうにもこうにも立ち行かなくなっていった。この構図は企業という組織にもつながることである。どうりで、企業人が、ギボンの描いた人間臭いローマ帝国衰亡史に興味を持つはずである。

組織内・外の力学

いまでこそ、『ローマ帝国衰亡史』に描かれたキリスト教史なるものは常識となったが、ギボンの執筆当時は大きな反響と反発を生んだといわれる。ネロ帝（在位五四〜六八）のキリスト教徒に対する数々のむごい仕打ちで、ローマ帝国内でキリスト教徒は厳しい迫害を受けた感がある。だが、元来、ローマ帝国の歴代皇帝はさまざまな宗教に対して比較的寛容であったことは記憶にとどめておいてよい。

そのなかで、なぜ、ユダヤ教ほどの厳格性はないものの、絶対的唯一神への信仰を基本としたキリスト教が、多神教が中心を為していたローマ帝国の国教となっていったのか。あるいは、ローマ帝国の衰亡が進むにつれ、それまで布教が進んでいなかったキリスト教がなぜ急速に広まっていったのか。つまり、ローマ帝国の衰亡とキリスト教の布教の歴史がなぜ重なり合っていったのか。このことこそが、わたしたちの興味を引くのである。

組織論的にいえば、企業の事例がもっともわかりやすい。いままでしっかりした経営トップが連続して良い業績を上げていたにもかかわらず、たとえば、従来の主力製品がライバル企業などの新製品投入によって徐々に業績不振となっていく場合である。そうした場合、真の原因は組織として新たな経営環境に対応できなくなっていたことなのであるが、現実には往々にして社内で犯人探しが行われる。

その結果、業績不振のなかで、なかなか良い結果が出ず、経営トップが頻繁に変わることになる。すると、従業員たちは新しい経営トップの経営方針などは信用しなくなる。新しい経営環境に対応できなくなっていた企業をローマ帝国、つぎつぎと変わっていく経営トップを皇帝に置き換えれば、それはまさしくローマ帝国末期の状況となるのである。

その場合、従業員たちは創業当時のカリスマ性をもった創業者の再来を望むようになる。人びとはカリスマ型の指導者を求め、自らは足元にある課題を直視し、その解決に全力を注ぐ努力を怠る。だが、そうして期待するだけでは、奇跡は起こらないのである。ローマ帝国衰亡のなかで、ローマ帝国の全盛期に少数派であったキリスト教徒が急増しはじめた時期はまさにそのような時代ではなかったか、とわたし自身は思う。

ギボン自身は、キリスト教の特徴についてつぎの五つを挙げてみせている。

(一)　ユダヤ教の偏狭さ・非社会性から抜け出していたこと。

(二)　来世に関する教義をもっていたこと。

(三)　原始教会の奇跡能力が広まっていたこと。

(四)　キリスト教の清浄厳格な道徳主義。

(五)　キリスト教にみられた統一と規律。

ギボンが、これらを並列的に掲げたのは、ローマ帝国の内外にキリスト教が普及していったことが決して単一の理由によるものではなく、これらの特徴が要因として複雑に絡まりあった結果であるとみていたためである。いずれにせよ、もとは一つの民族——ユダヤ民族——の宗教が宗派として教義をもって発達したことが重要であった。

ギボンはネロ以外の皇帝もキリスト教徒に迫害を加えていたことを記しているが、中世の宗教改革下の残虐行為と比べれば、それでもずいぶんと控えめであったとつぎのように指摘する。

「カトリック教国の君主たち……カール五世王治下のネーデルランドだけでも、優に十万人以上の人民が、死刑執行人の手にかかって死んだといわれる。……わずか一州、わずか一治世の間に処刑されたプロテスタントの数が、なんとローマ帝国三百年間、しかもローマ帝国全領土にわたった初代殉教者のそれを、はるかに上廻っていた事実を、いやでも認めぬわけにいかなくなる……コンスタンティヌス帝による庇護下、仁慈深いこの皇帝と戦って敗れた幾多の競敵僚帝や、すでに無力な先任帝たちによって加えられたキリスト教徒迫害についての独占的記録をもっていた宮廷の御用司教や感情的糾弾者などに、果してどこまで信頼がおけるかという問題である。」

やがて、キリスト教は公認されローマ帝国の国教となる。これは後のコンスタンティヌス一世（大帝）の改宗によるところが大きかった。正式には、コンスタンティヌス一世とリキニウスの東西両帝が三一三年にミラノで発信した勅令によって、キリスト教徒への迫害――少なくとも磔刑――は終わった。当時、ローマ帝国内でキリスト教徒がどの程度の人口割合を占めていたのかという統計などはむろんないであろうが、おそらく実際にはローマ市民のごく一部にとどまっていただろう。

ローマ帝国内でのキリスト教公認の意味について、ギボンは「ギリシアやローマの自由精神においてはついぞ見られなかったごとき霊的世界の権力と世俗的世界の権力との峻別が、キリスト教世界の法体制整備により初めて導入され、また確立された」と指摘する。

ただし、キリスト教世界もまた地上においては、世俗的なかたちをとったことを忘れてはならない。やがて、キリスト教団──カトリック教団──がローマ帝国内にもう一つの帝国を形成するようになったといってもよい。キリスト教が一人一人の心の拠り所としてとどまっている限り、問題は生じなかった。だが、それが教会や教団という組織形態をとるに従って、人々の関心はその組織のあり方──政治力──に向けられることになる。

世俗的という面では、教会といえども組織の維持にはそれなりの財政基盤が必要であった。キリスト教徒となったコンスタンティヌス帝は、ローマ市民などが死後教会へ財産贈与することを許した。ギボンは皮肉たっぷりに「コンスタンティヌス帝もまた至極簡単に、勤勉な国民の犠牲においてこれら遊民惰民ども〔聖職者たち〕を扶養し、また聖者たちの間に国の富を散財しておけば、それだけで神の恩寵は十分購えると信じ込んだ。……コンスタンティヌス帝の大盤振舞は、その信仰と悪徳とがすすむにつれ、いっそう激しさを加えた」と述べた。

実際のところ、その後、キリスト教会が信者たちからの寄進によって財力をつけたことだけは間違いない。財政的にも独立色を強めた教会は、その内部的統制──教会綱紀──に関わる法制と組織的階層性──聖職者の階層的序列制──を築き上げ、教義の統一化をはかりつつ組織そのものの拡大を目指すようになった。教会もまたローマ帝国内にあってもう一つの帝国をめざしたのである。拡大したカトリック教会組織が、やがて自らが迫害をうけた経験など忘れ去ったかのように、異なる宗派に対して異教徒として迫害を加えたことは皮肉なことであった。

さて、東ローマ帝国のことである。その首都には、自然の要塞としても、交通の結節点としても優れたビザンティウムが選ばれ、皇帝の名にちなんでコンスタンティノポリスとされた。帝国の首都にふさわしい外見をもった建物がきわめて短期間のうちにつくられた。だが、手抜き工事も多かったのであろう。「多くの建造物があまりにも竣工を急いだために欠陥がひどく、次の代には崩壊の危険を防ぐだけで精一杯といったものさえ少なくなかった」といわれる。だが、新たな建造物による新首都完成の祝典にだけは間に合ったようだ。

建物は間に合わせであったが、東の帝国の統治体制は間に合わせで済むはずはない。当時の風潮をギボンは、「古代ローマ人の自由精神から生まれていた……質樸剛健性も、いつのまにかアジア宮廷の虚飾威容の悪風に侵されてしまっていた。共和制下にあっては目立った個人的な才幹や影響力も、帝政下となると目に見えて影が薄く、さらに歴代帝の専制独占がすすむにつれて、完全に失われてしまった」と描写している。

「アジア」人であるわたしたちからすれば、「アジア」という地理的空間配置は東アジア中心であるが、ギボンやローマ人にとって「アジア」といえば自分たちが支配した地域以東はすべて「アジア」であった。当時のローマ人の地理的空間の範囲はそのようなものであった。

彼らにとって、そうしたアジア地域の「宮廷の虚飾威容」は内的精神の衰えを隠す華麗な布に映ったようである。組織においては内的精神が失われれば、外観がより一層重要視される傾向がある。これを象徴したのが組織維持のための権威主義的な上下職位制の確立と、これでもかというぐらいの上位者に対する敬語的表現――偽りの尊称――の乱発であった。

必然、その種の政策は名誉職の乱発にもつながっていった。ちなみに、左前となった会社でも、利益が減少するなかで、会議の回数と役職者の肩書きだけは増加するものである。いつも会議ばかりの会社と、あらゆる人たちを通して用件が担当者に伝達されるような会社であれば、その会社は危機にあるとみてよいという話はよく聞く。ローマ帝国も同じであったことになる。

ところで、すでに紹介したことであるが、ローマ帝国の歴史においては由緒正しき貴族の純粋な血統的家系はローマ帝国の内外の戦いで絶え果て、このため、無理やりといわないまでも、きわめて政治的に元老院議員たちから新貴族を急ごしらえしてきた経緯があった。そして、そのような人たちもまた度重なる戦争の中で消え失せていた。その結果、「コンスタンティヌス帝の即位時にはすでに、かつては貴族たちがローマ市民最高の階級だったという、きわめて漠然たる伝承以外には、ほとんど何物も残っていない有様」になっていた。

東ローマ帝国を維持するために、皇帝へいかに権力を集中させ、他方で皇帝に立ち向かう権力をどのように分散させるかが政治課題となった。この試みについて、ギボンは「歴代帝たちの側近会議内部では、おのずから嫉妬心や自己顕示欲が烈しくなるために、そこは帝たちも抜かりなく称号だけを極力ふやして、実質の権力を漸次分割するようにしたのだった。そんなわけで、一旦はローマ皇帝たちにより、全国一様の単純な行政組織に統合された広大な帝国版図も、やがてはいつのまにか小断片へと崩壊の途をたどり、最後にはついに百十六という小属州に分断されてしまい。それらそれぞれが見かけは立派だが、ひどく金のかかる行政組織を抱えることになった」と分析する。

ここでも、ギボンは人の嫉妬と自己顕示欲の代償の大きさを指摘する。わたしたちは、嫉妬という感情の裏にある自己顕示への飽くなき欲望を制御できないのかもしれない。皇帝側近たちの嫉妬と自己顕示欲を満たそうとしたひどく金のかかる行政組織は、やがて帝国の寿命を縮めることになる。いうまでもなく、巨大化し分散化された組織はその自重でやがて崩壊することになる。だれもが眼前の名誉にこだわり、その場限りの言い訳と保身だけに走るようになると、組織全体のことを考えなくなる。その場合、問題はそうした組織の維持費用の増大と軍規の保持が困難になることである。

ギボンはローマ帝国を守るべき軍の実力について、「完全に弱兵化した。軍事教練などはすっかり忘れ去り、食物や服装ばかりに凝る有様。市民たちにとってこそ恐怖の的だったが、蛮夷の侵寇に直面してはたちまち慄え上った」と指摘する。それはまるで江戸末期の徳川将軍家を守るはずであった旗本たちの弱兵ぶりを思わせる。彼らは、戦国時代に先祖が身につけた鎧などを骨董屋などから慌てて買い戻したが、実際に身につけてみれば重くて戦うことなどできなくなっていた。

とはいえ、ローマ帝国の防衛には、内乱を引き起こすことがないように、普段は分散し駐屯させせつつも、一旦急あるときには短時間内に結集させることのできる強力な軍隊が不可欠であった。結局のところ、ローマ帝国は、ローマ市民の自前の正規軍ではなく、ローマ帝国が蛮族と呼んだ民族から編成された外人部隊に依拠することになっていった。このような軍をめぐる力学変化がローマ帝国の生命取りになっていくのである。ギボンはいう。

「スキタイ人、ゴート人、ゲルマン人などの勇敢な連中は戦争好きである上に、なまじ属州を荒らすよりも、むしろその防衛にあたる方がはるかに儲かることを知ると、それぞれの同胞から成る補助部隊に投ずるどころか、正規軍団や、また宮廷軍の中でももっとも輝かしい部隊にまで入隊するようになった。」

ローマ市民にとって名誉ある義務であった軍務が、「外人」たちにとっては現金収入が期待できるビジネスとなった。優れた武器の入手や操作、さらには軍略などの知識移転がローマ正規軍から属州出身の軍人たちへと着実に行われていった。必然、そのなかから軍の幹部へと昇進する者たちも現れ、コンスタンティヌス二世（在位三三七〜三四〇）のころには、「軍も宮廷も強力なフランク族閥によって完全に牛耳られ、彼等はお互いに緊密な連携を保つとともに、旧祖国ともまた同様であった」。いまやローマ帝国は組織内——従来のローマ帝国内——と組織外——属州——の力学の変化に大きく揺さぶられるようになっていった。

他方、帝国の財政である。広域化した帝国の維持費用——とりわけ、軍備費、さらに皇帝の浪費も

——は巨大化し、課税率と課税範囲の拡大を招いていた。ギボンはこの状況を「それ（課税—引用者注）は極端な自由裁量と極度の苛政とを同時に生みやすい結果ともなり、とりわけ腐敗をきわめた絶対君主制下にあっては、権力による圧政と巧妙な胡魔化し脱税との間で、たえず激しい争いが演じられる有様だった。かくて各属州の農業は、いつとはなく荒廃の一途をたどり、方や専制独裁のすすむにつれて、ある意味では自業自得ともいえるかもしれぬが、もはや歴代帝として思い切って徳政に出るか、さもなければ、どうせ人民には払えぬとわかっている貢納など、むしろ免除を行うことにより、なんとか形をつけるよりほかなかった」と描いた。これはローマ帝国の前途に納税者の反乱を予想させる叙述である。

ギボンは「コンスタンティウス帝〔コンスタンティウス二世〕側近の貪婪あくない高官どもは、各人当り年間金貨二十五枚という重税を課すことにより、ガリアの富を収奪しつくしていた」と指摘している。この人頭税はあまりにも過酷な措置であったため、その後金貨十枚に軽減——ガリア属州では平均金貨十六枚——されたが、当時にあってはそれでも重税であった。

この重税は、人びとの勤労意欲とローマ帝国への帰属意識を低下させたにちがいない。こうした点は現在のわたしたちの意識となんら代わることはない。ギボンは重税下のローマ帝国の命運をつぎのように解釈した。

「ますます加わる租税の重圧については、これを実感することも悲しむこともできた。……ローマ帝国の偉大さを、あっというまに覆し去ったおそるべき蛮族たちの嵐は、なんとかまだ辺境の線で反撃に成功、いや、とにかく一応は阻止しえていたのだ。……出費は、なんとか軍部の恣意的横暴を抑制する点で役立ち、たとえ実力による法の蹂躙、奸智による歪曲はあったにせよ、賢明なローマ法制の諸原則は、東方専制国家などに見られぬ秩序と公正とを維持しつづけていた。」

やがて、この均衡が崩れる日が訪れることになる。だが、それは突如としてやってきたわけではなく、最悪の結果にいたるまでに幾度もその前兆があったのである。それが、やがてローマ帝国内外の力学の変化によって、だれの目にも明らかになり、ローマ帝国没落の動きが加速化されることになる。それはあたかも使い古したロープが、ある日突然切れたようなものである。小さな切れ目がすぐにロープの切断につながることはない。徐々に切れ目が広がり、ロープ全体が切断されるのであるが、人は切れ目が徐々に広がっていることに気づかないのである。ローマ帝国の滅亡はそこにまで迫っていた。

組織と後継者問題

三十年近く君臨したコンスタンティヌス帝は、最初は控えめで人心をつかもうとした。彼は最初から無茶で気ままな政治を行ったわけではなかった。

だが、権力は時間とともに腐敗するのである。彼の晩年については、冷酷な皇帝としての悪評だけがいまに伝わる。すでにふれたが、その悪評の一端はローマ帝国内外の人びとを苦しめた重税である。それは彼の気前のよい浪費癖に起因し、また、取り巻き連中も皇帝の威を借り汚職などを通じて私腹を肥やしていた。

とはいえ、皇帝でもその生命には限りがある。コンスタンティヌス帝もまた歳を重ねるにつれ、その後継者を選ばなければならない。だが、彼は後継者に相応しかった実子クリスプスの才能に嫉妬して、罪をでっち上げ処刑してしまった。ローマ帝国の政治もまた、スピノザのいうように嫉妬という感情で動くものなのだろうか。結局のところ、次期皇帝の「人事」をめぐって、もう一人の皇后との間にもうけた息子など五人をめぐる継承騒ぎが起きることになる。

コンスタンティヌス帝が没すると、たちまち後継候補をめぐって激しい内乱が起きた。一時的妥協策として、帝国は兄弟三人に分割統治された。三人ともが、いまや優柔不断の場と化したローマ元老院から送られた正帝の称号――アウグストウス――を名乗ったのである。だが、後継問題がこれで決着したわけではなかった。三人の皇帝という統治形態そのものが異常で不確かなものであった。

コンスタンティヌス二世（在位三三七〜三四〇）は佞臣たちにそそのかされて、無邪気に弟帝の領土に攻め込んだものの、逆に不意を襲われ戦死した。結果、勝利したコンスタンス帝（在位三三七〜三五〇）が帝国の三分の二以上を領有することになった。

コンスタンス帝は、蛮族出身の兵士で皇帝直属軍の幹部にまで昇ったマグネンティウスを重用した。

だが、マグネンティウスはクーデターを起こしたのだ。狩場で狩に興じていたコンスタンス帝は一時的に難を逃れたものの、マグネンティウスの追手によって葬られた。

そして、新皇帝となったマグネンティウス帝（在位三五〇〜三五三）もコンスタンス帝の弟コンスタンティウス帝（二世、在位三三七〜三六一）との戦いで敗れ、処刑された。これにより、三分割されていた帝国諸属州はまたもや人材と財宝を使い果たしたが、再度統一されたかに見えた。だが、そこには多くの問題があった。ギボンはつぎのように指摘する。

「凡庸君主だけに、その武力による勝利も、ただローマ世界に宦官政治を打ち樹てるだけに終った。宦官という この不幸な存在、本来は古代東洋の独裁専制とその嫉妬から生れたものだが、ギリシア、ローマがアジア的奢侈の風に染まるとともに、これら西方世界にも持ち込まれることになったのだった。」

組織が大きくなり、しかも脆弱になればなるほど、宦官のような存在がでてくるということであろうか。時に、彼らは煙のないところにも火事――陰謀――を起こし、権力に寄生して、虎の威を借るキツネのように私腹を肥やした。

コンスタンティヌス一世（大帝）にはガルスとユリアヌスの二人の甥の副帝がおり、コンスタンティヌス帝は彼らの裏切りを怖れた。ギボンの『ローマ帝国衰亡史』を織物にたとえれば、その歴史を貫いたタテ糸は嫉妬であり、ヨコ糸は戦争である。

コンスタンティヌス帝は軽率なガルスが帝位にギラギラとした意欲――宦官の進言もあったろう

――を示したと思い、容赦なく彼を処刑している。ギボンはガルスの最後を「帝自身の安全とこの従兄弟の生存とは、とうてい両立しえぬものであることを簡単に確信した。彼は直ちに死刑判決文に署名、これを送りつけて処刑を行わせた」と淡々と記述している。

ギボンは、当時、ペルシアと対峙していたコンスタンティヌス帝の心情を「ガルス副帝の死により、いまやコンスタンティヌス帝は全帝国の独裁権を手中にしたわけだが、同時にまたその過重責務は大きな重荷となって帝の心にのしかかっていた。……いまや西方と東方との双方に皇帝がいること、これが絶対の要請事となった。ここに到ってコンスタンティヌス帝も、はじめてこの広大な領土の統治が、とうてい独力では不可能なことを衷心から悟った」と忖度している。

あとに残ったのはユリアヌス（在位三六〇～三六三）であった。ユリアヌスは自らの身を護るために、皇帝への野心など微塵もないこと印象づけざるを得なかっただろう。ユリアヌスには少なくともそのような賢さと慎重さがあった。だが、これが実際に功を奏したかどうかわからない。副帝時代、ユリアヌスはアルプス以北の統治を担当することになった。彼がもっとも恐れたのは蛮族ではなく、コンスタンティウス帝の取り巻きによる宮廷内政治の動向であったはずだ。真の敵はいつも内部にいるものである。

その時期、コンスタンティウス帝はローマ帝国のかつての古都ローマを訪れている。久しくローマ皇帝の姿をじかに見ることがなかった多くのローマ市民は、いまや伝説と化した皇帝を間近に見てさぞかし感激したことであろう。だが、コンスタンティウス帝はペルシアやゲルマン族との戦いのためにあたふたと古都を後にせざるを得なかったのである。

やがて、ユリアヌスもガリアへと派遣された。ガリアでの諸戦で勝利したユリアヌスは、ガリア諸都市の復興に取り掛かっている。やがて、ユリアヌスの勝利はコンスタンティウス帝との溝を深め、帝国内部の対立を醸成していった。勝利して帝国を守れば守ったで、コンスタンティウス帝の嫉妬と不信を呼び起こしたのである。事実、コンスタンティウス帝は、ユリアヌスの勝利に激しく嫉妬した。

ガリア軍団がユリアヌスを正帝として擁立するにいたって、ユリアヌス自身もすでにコンスタンティウス帝と対決せざるを得ないことを覚悟していたに違いない。コンスタンティウス帝は西方属州に働きかけてユリアヌスを葬り去ろうとした。ユリアヌスはコンスタンティウス帝との対決を不可避とみて軍を進めた。だが、直接対決は、まだ四五歳であったコンスタンティウス帝の予期せぬ病死――その原因はともかくとして――によって避けられたのである。ギボンはいう。

「ユリアヌスは彼の人間的心情として、お互い滅ぼすか滅ぼされるかという冷酷な選択だけは深く悲しんで、極力これを避けた。しかも幸いなことにまことに折りよくコンスタンティウス帝の突然の死去が、ローマ帝国を内戦の惨禍から救ったのだった。……(ユリアヌスは―引用者注) わずか三十二歳で、彼は完全に全ローマ帝国の統治権を掌握したのだ。」

プラトンなどのギリシア哲学を深く愛したことで知られるユリアヌス帝は、帝国の維持のために宮廷改革に乗り出している。それはコンスタンティウス帝の在位二四年間にわたって肥大化し浪費マシーン化した組織の大改革でもあった。それにしても、コンスタンティウス帝はローマ市民の血税などを気前よく浪費したものだ。帝国の金庫は空っぽに近かったのである。ギボンは一つの逸話を紹介している。

ユリアヌスは理髪師を呼んだことがあった。現れたのは立派な服装の役人風の人物であった。ユリアヌスは彼の報酬を聞いてみた。それは「毎日二十名の召使と、二十頭の馬を養っていける」ほどの高額であったという。そうした理髪師が「各部局」に配されているのである。帝国の財政が危機に瀕しないはずはない。

この話は四世紀後半のことであり、ギボンがこの問題を取り上げたのは一八世紀後半である。にもかかわらず、なにやら、日本の現在の官僚組織が紹介されているような錯覚に陥りはしないだろうか。ローマ帝国史が時代を超えて組織に関心を寄せる者に読み継がれてきた理由がわかるではないか。

ギボンは怒りを込めて、「塵埃屑のような人間どもが、なんの働きを示す必要もなく、ひとえに国費をもって養われる特権を買うことができたのだ。途方もないこの巨大世帯が生み出す浪費、俸給や手当類の増大（たちまちそれは国家の合法的債務になった）、また彼等の敵意を恐れる徒輩、また逆に彼等の眷顧を求める連中から強制的に要求する賄賂の類、これらの金は次々と尊大な下人どもを俄成金にした。こうした連中のことゆえ、彼等の過去や将来のことなど一切考えることなく浪費に耽る。それだけに強欲貪婪の一方では、途方もない浪費に明け暮れるのだった」と記している。

ユリアヌス帝は経費削減の細々とした行政改革のようなことばかりではなく、コンスタンティウス帝下でおよそ政治行為ではなく、ほとんど犯罪行為としかいいようのない汚職や残虐行為を行った者たちを法廷で裁いてもいる。また、コンスタンティウス帝下の秘密警察のような「組織」——無数の密偵、間諜、密告者たち——も解体させた。

ギボンはユリアヌス帝に引きつけて、時代を超えて歴史上の人物をどのように解釈するのかというきわめて興味深い点を取り上げ、つぎのように述べている。


「彼（ユリアヌス帝—引用者注）はどんな人生行路を選んでいたとしても、おそらく不屈のその勇気、めざましい知能、さらにはまた猛烈な努力により、必ずやその道において最高の栄誉をかちえていたろうし、またそれに値いする人物だった。かりにもし一市民として生れていたとしても、まずは閣僚級、将軍級にまで自力で這い上がっていたに相違ない。……ただもし彼の人間像を、仔細に、いや、おそらく悪意までこめての検討ということになれば、全人格としての風格、そして完全性という点では、たしかになにか欠けるものがあったかに見える。資質の点では大カエサルほどの剛毅さ、高邁性がなかったたし、またアウグストゥス帝ほどの見事な深慮もなかった。また男らしさ、勇気の点では、トラヤヌス帝の方が確乎として生得のものだったようだし、哲学者としてはマルクス・アウレリウス帝の方が、これまたより素朴単純さで一貫していた。とはいえユリアヌス帝もまた逆境には毅然として耐え、順境には適度の抑制を保つことを知っていた。」

ギボン自身は、ローマ帝国史を彩った賢帝ほどの実力とある種のカリスマ性はなかったものの、困難な状況にあった帝国を精一杯努力して改革しようとしたユリアヌス帝に、精一杯の拍手と賞賛を送っている。

ところで、ユリアヌス帝についてはわたしたち日本人にはローマ皇帝としてではなく、背教者ユリアヌス(＊)としてなじみが深い。ギボンも「背教者という刻印は、たしかに彼ユリアヌス帝の名声を傷つけてきたし、さらにまた彼の諸美点に一抹の暗影を投じたその狂熱ぶりは、真偽とりまぜ彼の欠点を誇張拡大化してみせることに役立ってきた」とふれている。

わたしたちの素朴な興味を引くのは、幼いころからキリスト教の影響の下に育ち受洗――本人の意思であったかどうか別に――し、福音書についての知識も豊富であったにもかかわらず、副帝になったころから彼がなぜ、異教に興味を持ち始めたのかという点である。おそらく、それはキリスト教への信仰とは関係なかった。むしろ、キリスト教を国教とし、キリスト教徒支配の政治的手段として活用したコンスタンティヌス一世やコンスタンティウス帝などに対する個人的憎悪が、ユリアヌスをしてキリスト教と絶縁させたようにも思える。

＊　背教者ユリアヌス――フランス文学者で作家であった辻邦生（一九二五～九九）の代表的作品である。辻は、後年キリスト教から遠ざかりペルシアの砂漠で戦死したローマ皇帝ユリアヌスの三十数年あまりの人生を描いた同作品で一九七二年に第一四回毎日芸術賞を受賞した。

ユリアヌス帝は、幼いころから親しんだギリシア的古典世界のみならず、古代異教に引かれていったようである。彼がキリスト教を捨て去ったことはやがてローマ世界の人たちにもよく知られるようになった。ユリアヌス帝が「ローマ世界の全住民に対し、自由平等の信教的寛容の恩典を拡大した」ことで、キリスト教会もそれまでのように異教徒の偶像礼拝をおいそれとは非難できなくなった。

ユリアヌスは正帝になったことで、慣例により最高大神官職も兼務することになる。彼は自らの太陽神信仰によって宮廷内に礼拝堂を立てた。このことはキリスト教会にとってはもちろん愉快なことではなく、その儀式の生贄のために遠国から多額の費用でもって珍鳥類が取り寄せられたことはまた、財務官たちにとって愉快ではなかったろう。ただし、ユリアヌス帝は、先帝たちによって国教とされそれなりの信者数に達していたキリスト教徒を暴力的に弾圧したわけでもなかったようだ。ギボンはいう。

「ユリアヌス帝の異教的狂信が、果たしてどこまで彼の良識と人間性とを圧倒していたものか、そこまでの判断は不可能だが、それにしても当時の教会の実力と精神とを真剣に考慮すれば、……もし彼が真にキリスト教根絶を果たしえたとしても、それにはまずその前に帝国自体を、恐るべき内戦の惨禍に陥れるよりほかなかったろう」

それはあくまでも歴史上の「もし……であれば」にすぎない。背教者で改革者のユリアヌス帝(*)はほどなくして、ペルシア戦争でその若い生命を落とすことになるからだ。彼自身の背教の結果も、さまざまな政治改革の結果も自らで確かめることはできなかったのである。

＊　ユリアヌスの背教――新約聖書学者の田川建三は、ユリアヌスについて、政治家であったコンスタンティウス帝とは大きく異なって「粋な文化人」であるととらえた。「今や社会全体を下から強く動かしてきている流れである。この流れにのっかって、それを上から利用しない手はない。政治家は、自分の心の真実よりも、世の中の動きに便乗する、そうしないと、成功しない。ユリアノス（ギリシア語読み―引用者注）は、政治家にはなれなかった」とした上で、ユリアヌスの当時の書簡から、ユリアヌス自身が当時のキリスト教をどのようにみていたかについて興味ある分析を示してくれている。「彼が当時のキリスト教の長所をどの点に見ていたか。……三つ上げている。他者に人間愛の実践としての救護事業、死者の弔いの丁重さ、真面目な生活倫理、……死者の弔いの丁重さがここであげられるのは、意外である。……伝統宗教はその種のことまでおろそかにするようになっていたのであろうか。……そういう時代であれば、生活態度の真面目さを重んじるキリスト教に人々が殺到するのも無理はない（中略）ユリアノスのこの証言は、キリスト教が古代西洋世界において何故あれほど急速に多くの人々に浸透し、帝国による弾圧にもかかわらずますます成長し、ついにはこの世界のほぼすべての人が信者になるほどになったのか、という事実を説明する上で、一つの重要な鍵を提供してくれている。」

田川が重要視するのは、これがキリスト教側の証言ではなく、「背教者」ユリアヌスのキリスト教観であった点である。この点について、田川は「いったんキリスト教帝国になったこの世界の全体をもう一度ひっくり返し、いわば歴史を逆行させて、非キリスト的ギリシャの伝統に立ち戻ろうとした。それも、最高権力者たる皇帝の権力をもって、何とかこの世界全体をもとにもどそうと必死の努力をした人物の証言である」と指摘する。田川建三『キリスト教思想への招待』勁草書房、二〇〇四年。

組織改革の困難性

ユリアヌス帝はローマ帝国という組織の内部改革に専念できたわけではなかった。東にペルシアという強力な王国があったのである。ペルシアはローマ帝国の膨張主義をつねに恐れた。ローマ帝国もまたペルシア王国の反発を恐れ続けた。両国間の平和はそのような微妙な均衡の上に成立していたのである。ユリアヌス帝の野望は、ペルシア王国に攻め込み、そうした緊張関係を一挙に解消することにあった。

やがて、均衡は崩れた。ユリアヌス帝が十分な兵站準備もなくユーフラテス河を超え出陣したのである。ローマ軍はペルシア領内へ侵攻したのだ。ギボンはそうしたユリアヌス帝の軍事行動について、「ペルシア人にとりユリアヌス帝は恐怖と憎悪との的だった。この祖国侵略者を描いたペルシア人画工たちは、ことごとく彼の姿を口中から火を吐く獰猛な獅子像として描いている」と記したが、ローマ帝国の住人にとってはその姿は頼もしく映ったに違いない。ユリアヌス帝が率いたローマ軍の軍勢は六万人を超えたといわれる。

いまもむかしも戦争の勝敗は戦場での生命のやり取りだけでなく、兵士たちを後方においていかに日常的に養うか——いわゆる兵站——にも依る。これだけの軍団を維持するには食料などの膨大な物資の移動が不可欠となるが、ユリアヌス軍はそれを敵地での現地調達に期待したのである。

だが、これを見透かしたように、侵略を予想した村人たちはすべての作物を焼き払い、後方に逃げた。そうした状況を知るペルシア軍は短期決戦を狙ったユリアヌスを持久戦に引きずり込もうとした。ギボンはその光景をつぎのように描いている。

「ユリアヌス帝はその糧秣が日とともに消費されてゆくにつれ、たちまち欠乏に追いつめられた。もっとも、帝とすればこのまま整然たる急進撃をさえつづけて行けば、おそらくそれらを消尽しつくす前に、エクバタナ、スーサなど富裕かつ平和的な諸都市まで到達できるものと踏んでいたのである。……ローマ軍は数日間にわたり空しくバグダッド市の東方一帯を彷徨するだけにすぎなかった。」

ユリアヌス帝やその軍幹部たちは大軍で攻め込めば、ペルシア王国を一挙に攻め滅ぼせると思ったのかもしれない。だが、ユリアヌスの兵隊たちはペルシアの執拗なゲリラ戦的用兵に苦しめられることになる。ペルシア軍に取り囲まれてしまったユリアヌス軍の本隊はペルシア兵との白兵戦となり、彼らをかろうじて敗走させたが、その敗走兵から放たれた槍がユリアヌス帝の生命を奪うことになった。在位一年八ヵ月、まだ三二歳であった。突然のユリアヌス帝の死によって、ローマ軍は混乱に陥った。

翌朝、生き残った将軍たちにより軍議が開かれた。軍人たちの派閥間の均衡の上に、老練なサルスティウスが推挙された。だが、彼は高齢を理由に辞退し、その結果、消去法のようにして、まったく無名のヨウィアヌス（在位三六三〜三六四）が選ばれたのだ。

ギボンはその様子を「突然数人の声が当時まだ親衛隊副司令にしかすぎなかったヨウィアヌスの名

前を叫び、正帝の称号をもって呼んだのだ。と、たちまち天幕を囲んだ親衛隊全員からも、これに呼応して騒然たる歓声が湧き起り、あっというまに隊列の末端にまで伝染した」と、その場に居合わせたように描写している。

もっとも驚愕し不安となったのはヨウィアヌス自身であったことは想像に難くない。攻めるか、退くか。ヨウィアヌスが最初に決断しなければならなかったのはこのことであった。和議を打診してきたのはペルシア側であった。ペルシア側にもそれ相当の被害が出ていたからだ。ペルシア兵もまた疲弊していた。

だが、この新米皇帝は交渉事に長けた人物ではなかったようだ。ヨウィアヌスは気づけば譲歩に次ぐ譲歩で、ローマ帝国がペルシアからかつて割譲されていた諸州までも返還し、そのほかの帝国防衛上の重要な地も失った。「実力よりむしろ幸運により、卑賤の廷臣から一躍帝位に昇った」ヨウィアヌスにしてみれば、ローマ帝国はかくあるべきとする確乎たるビジョンがあったわけではなく、眼前の戦争を終結することだけが彼の最大関心事であったろう。ヨウィアヌスが将たる器であったのかどうかも疑問であったろう。

当然、軍人の一部などにはヨウィアヌス帝による休戦は屈辱的敗北と映ったであろうが、一時的には平和が訪れた。ヨウィアヌス帝が背教者ユリアヌスをどれほど意識したかはわからないが、彼が行軍にコンスタンティヌス大帝以来の十字架旗を立て、やがてユリアヌスのキリスト教会に対する勅令を廃止し、聖職者の権利——免税権や免責権など——を回復させたことで、キリスト教団は安堵した。だが他方で、前帝ユリアヌスの下で一時中断していた教義争いも再開していった。

その後の展開についてみれば、この新帝の最後もまたあっけないものであった。帰陣の途中、立ち寄った小さな村で急死したのだ。原因は酒の飲みすぎであったとか、きのこの毒にあたったとか、寝室の塗りたての漆喰壁からの有毒ガスによるとか、諸説ある。原因ははっきりとはしない。ローマ皇帝はまたもや空位となった。

幹部たちが再度サルスティウスを推したが、彼は高齢を理由に再度強く断った。その結果、ウァレンティニアヌス（在位三六四～三七五）という一士官の名が挙がり、そのまま承認されてしまった。

この経緯はよくわからないが、その実弟ウァレンスやその息子たちが皇帝を継承したことを考えると、ローマ帝国の人材途用のあり方、その偶然性は、良かったのか、あるいは悪かったのかを熟考させる。突然、転がりこんできた皇帝職をうけたウァレンティニアヌスは、実弟で従順であったウァレンス（在位三六四～三七八）を共帝に指名した。

以降、兄帝によるギリシアからカレドニアを経てアトラス山麓までの西方領、弟帝によるドナウ下流からペルシア国境までの東方領という体制が形成されることになる。その結果、組織そのものがかえって肥大化したといえなくもない。

組織膨張に関するパーキンソンの法則(*)が、ローマ帝国時代から働いていたことになる。兄弟帝によンボンは暗い密告時代のように描いている。事実、ヴァレンティニアヌス帝らが密告者などを利用しつつ、多くの者を裁判にかけたことはよく知られている。ギボンが「各地の法廷から報告される処刑者の数の多寡により、裁判官の精励ぶりや判断力までが評定される」と指摘していることからみても、でっち上げの冤罪もずいぶんあったのであろう。

＊ パーキンソンの法則――英国の政治学者セシル・パーキンソンが海軍省などの調査の中で見い出した組織膨張の法則である。詳細はつぎの拙著を参照。寺岡寛『逆説の経営学―成功・失敗・革新―』税務経理協会、二〇〇七年。

他方、ヴァレンティニアヌス帝たちが、そうした処刑を急増させた残忍性とは別に、ローマ市とコンスタンティノポリス市に学府を創設して、学問振興を図ったことをギボンは評価した。また、激化しつつあった宗教的抗争――たとえば、三位一体説をめぐるアタナシオス派とアリウス派の神学論争など――に中立の立場――ヴァレンティニアヌス帝は論争の中心のコンスティノポリスから離れていたが――を守ったことを大きく評価している。

神学論争には寛容であったヴァレンティニアヌス帝であるが、神と異なって現世的世界である地上に暮らす聖職者たちの現世利益の追求には規制を加えた。聖職者たちの現世利益は、ローマ市民たちの篤志の寄進、遺贈などによって得たものでもあった。ヴァレンティニアヌス帝は聖職者たちのそうした個人的蓄財を抑制しようとした。

その背景について、ギボンは「一般の聖職者たちともなれば、一方で私利追求の途が阻まれれば、こんどは教会そのものの致富にいっそう専念し、信仰と報国という美名の下で、実は彼等自身の欲心に勿体づけを行うだけであった」と説明する。

ヴァレンティニアヌス帝はキリスト教会の組織拡大のスピードを緩和させたかもしれないが、いずれにせよキリスト教会はローマ帝国において無視できない巨大な組織となっていった。そして、もう一つローマ帝国にとって無視できない存在となるのはゴート族であった。スキタイ族が中国への侵入こそ諦めたものの、黒海北岸の草原地帯の遊牧を続け、やがて欧州大陸へと攻め込んできた。こうしたスキタイ族（フン族）の勢力拡大がゴート族の帝国内への移動を促した。

スキタイ族の猛攻を恐れたゴート族の長はヴァレンス帝に庇護を求めてきたのである。ヴァレンス帝がその対応に優柔不断——いわゆる小田原評定——となっている間に、ゴート族はドナウ河を渡河して帝国を目指していた。ギボンはつぎのように描写している。

「やがてはローマ帝国の基礎をその根底から覆すことになるはずの彼等が、である。なおこれら蛮族の大群、最初は正確な数を数えおく要ありと考えられたのだが、果てしなくつづく厖大なその数に計算係自身がまず驚き呆れ、とうてい不可能というのでやめてしまった。……恐るべきこの大移動を構成していた員数は、老若男女取り交ぜ百万人近くに達していたに相違ない。」

とんでもない数のゴート族に武装を解かないままで渡河を許し、無思慮にローマ帝国内に引き入れたことがローマ帝国にとって大きな脅威となっていくのである。そうした状況にさえ気づかない軍の司令官たちばかりであったのか。あるいはそれを言い出すこと出来ないほど、ヴァレンス帝の無知なる独裁が進んでいたのか。

ギボンは「蛮族を軍または宮廷内に入れることから生じる最大危険の一つは、当然その同胞たる敵性人との間に文通の道が開かれ、不用意にか、それとも悪意による通報かは別としても、とにかくローマ帝国の持つ弱点がすべて彼等に明らかになるということではっきり感じられた」と述べている。真の脅威と危機がもうそこまで来ていたのである。

外からみれば強国と見えたローマ帝国も中に実際に入ってみれば、その脆弱性がゴート族にもはっきりとわかったということである。ゴート族は部族内の反目を一時棚上げしアラニ族などとも同盟し、ヴァレンス帝のローマ軍と一戦を交えることになる。ローマ帝国の平和ボケしていた民衆はこの行方を楽観視していた。ギボンはいう。

「現実の危険から離れているかぎり、いつも勇ましいのが民衆の常。われらにも武器さえ持たせれば、わいら、だけで立派に驕慢な敵から属州を救って見せる、とさえ自信ありげに豪語するのであった。結局は無知な大衆のこの放言的非難がローマ帝国自体の崩壊を早めることになった。要するに彼等の無責任な放言が、その声価からも、また性格からも、とうていこうした国民の侮辱に対し毅然と耐え抜く意思など毛頭持ち合せなかったヴァレンス帝を駆って自棄的軽挙に出させたのだ。」

不幸にも、周りの無責任で勇ましい言動に煽られた軽挙な行動が、ヴァレンス帝自身の生命を奪うことになる。この部分のギボンの記述はわずかであるが、そこにはつぎのような二つのことばが交互に出てくる。一つは取り巻き連中の「阿諛的進言」である。明治三六（一九〇三）年生まれの訳者中野好夫は「阿諛」というむずかしいことばをよく使った。平たくいえば、現実離れした楽観的なことばかりをいう連中の「おべっか」である。つまり、皇帝に受けの良いイエスマンたちの「へつらい」のことばである。ヴァレンス帝の取り巻き連中のなかには真実を伝え、苦言を呈する真の意味での忠臣がもはやだれ一人としていなかったことになる。いや、そのように諫言した人物がいても、皇帝の取り巻きにいた阿諛的進言者によって排除されたであろう。

もう一つは皇帝たちのなかにある「嫉妬心」である。ギボンの描くローマ帝国史はある意味で「阿諛」と「嫉妬」の皇帝史といえなくもない。

嫉妬という点では、ヴァレンス帝をゴート族との戦いに踏み切らせたのは、病没したヴァレンティニアヌス帝の後継者となったグラティニヌス帝（在位三六七〜三八三）への対抗意識であったといわれる。ギボンも「暗愚の帝ヴァレンスだけに、ひたすらただ自負と嫉妬との致命的幻想だけで行動したのだ。……嘴もまだ黄色いくせに早くも英名赫々たる西方帝のそれとを、内心ひそかに思い比べていたのであろう。……彼は幻の戦勝記念碑を脳裡に描きながら、ひたすら戦場へと急いだ。……一刻も早い開戦を焦ったのだ」とこきおろしている。この嫉妬の代償はヴァレンス帝にとっても、ローマ帝国にとっても大きなものとなる。

両軍がぶつかったハドリアノポリスで、ローマ軍はその三分の二の兵力を失い、ウァレンス帝は親衛隊にも見捨てられて生命を落とした。この画期的勝利に沸いたゴート軍は首都コンスタンティノポリスへと向かった。この危機を救ったのは、ローマ軍の本隊ではなく、ローマ軍に編入されていたサラセン人騎兵隊であった。ゴート軍は近郊の村々から略奪を重ねただけで山岳地帯へと退却せざるをえなかった。だが、ゴート族はイタリア辺境からアドリア海までの豊かな農業地帯を押さえたのである。

ユリアヌス帝がかつて改革しようとした東方帝国は、彼自身が短命であったことに加え、後継者たちにも恵まれなかったこともあり、再び悲運の時を迎えていくことになる。後継者はヒスパニア人家系のテオドシウスとなった。だが、ハドリアノポリスの敗戦から東方帝国を立ち直らせることは、まだ若いテオドシウスにとっては大変な重荷であった。

ゴート族はその後、部族の指導者であったフリティゲルンの死によって大きく変わることになる。フリティゲルンの死がゴート族内部にあったさまざまな利害と感情を解き放ち、分裂をもたらした。これがテオドシウス帝には幸いし、ゴート族内の部族長たちが和議を望んだのだ。その結果、東ゴート族と西ゴート族はそれぞれに定住する属州を得た。

ギボンはローマ帝国側のこの措置について、当時の資料が少ないことを嘆きながらも、「彼等は定住地として指定された村々や地方の独占権を要求し、しかもそれを獲得したのだ。そして相変らず彼等固有の習慣や言語をそのまま維持するばかりか伝播さえ図った。専制独裁体制の唯中にあって、彼等はいわば彼等だけの内政的自由を主張したのだ。たしかに皇帝の主権は承認したが、ローマの諸法令や、またその官僚たちによる下級司法権にはあくまで服さなかった」と記している。

ゴート族は、ローマ帝国の中にあって自治権を与えられ、ローマ軍の一角を形成したことで、ローマ軍の新兵器、用兵や戦略を知ることになった。そして、ローマ軍を打ち破った。そうした強力な軍事力を支えたのはゴート各部族の結束であったのだが、その後、部族間の対立によって分裂し、勢力が分散したことで、ゴート族はローマ帝国と和解せざるをえなかった。ゴート族の場合も、真の敵は内部にいたことになる。

結果、ゴート族は定住地を与えられローマ帝国の辺境を守る軍隊となった。「現実の危険から離れているかぎり、いつも勇ましいのが民衆の常。われらにも武器さえ持たせれば、われらだけで立派に驕慢な敵から属州を救って見せる、とさえ自信ありげに豪語」してきたローマ市民たちは、勇猛果敢なゴート族をもローマ文明化し、その荒々しい精神が萎え、ローマ帝国と一体化することを期待した。反面、ゴート族の存在は、帝国は自ら護るものであるというローマ市民の自衛意識を低下させたことは間違いないだろう。

さて、西方帝のグラティニヌス帝のその後の命運である。グラティニヌス帝はブルタニア属州にあったマクシムスの反乱によって葬り去られることになる。結果、再び、西方ローマ帝国は危機に陥り、その後、東方帝テオドシウスの二子によって、ローマ帝国は東ローマ帝国と西ローマ帝国に分裂し存続することになった。しかし、ゴート族との火種はその後もくすぶり続けたのである。

第二章　人間の本質構造

よくあることだが、自分に理解できないと、その点を非難するなどということになってはいけない……。どっちみち誤りを犯すのがさけられないとするならば、多くのことを否認するよりは、すべてを容認する方がいい。
（クィンティリアヌス『弁論術教程』より）

帝王教育の逆説性

歴史上の人物には多くの場合、毀誉褒貶がつきものである。当時や後世の人たちが真偽のほどがわからないようなエピソードなどをつけ加えることで、何が実像で何が虚像なのかわからなくなる。たとえば、人としての優しさが優柔不断として解釈されたり、残忍さが強い決断力として解釈されたりする。だが、実際の真偽など、当時でも身近に接した一部の人たちだけが知っているのである。そうした時間の堆積のなせる技を除いても、概して、あらゆる能力において全き人などそういるものではない。いまもむかしもである。

歴代のローマ帝国皇帝もむろん例外ではない。たとえば、ギボンは東方ローマ帝国を治めたグラティアヌス帝（在位三六七～三八三）について、幼少のころから青年期まで逸材とされていたにもかかわらず、その後、評価が急転直下したことにかなりの頁を割いている。それだけ、この皇帝については、若いころと晩年との落差が大きかったのである。

現代もそうであるが、若さゆえに許されたことも歳を重ねれば許されなくなる。逆に、晩節において大きな成果を残した場合、その人物が若さゆえに失敗したことなどは忘れ去られてしまうものなのである。

皇帝に限らず、人の一生にもまた栄枯盛衰とそれにまつわる毀誉褒貶がある。企業社会において若いころに将来を嘱望された逸材が、いつのまにか関連会社のどこかに埋もれてしまっているような事例はわたしたちのまわりに結構あるものである。

ギボンはグラティアヌス帝について、帝王学や帝王教育なるものが人の元来もっている資質まで変えられるものではないことを強く主張する。若いころに才能に見えたものが実際には質の悪いメッキのようなものであった場合、それだけ始末が悪いと言いたげである。わたしたちが逸材と評した人たちの「優秀さ」はしばしばメッキのようなもので、長い間の風雨で剥がれおちていくものであるといっているのである。理由はそれが純粋の金ではなく、表面だけのメッキだからだという。ギボンのことばで紹介しておこう。

「彼（グラティアヌス帝―引用者注）が国民の期待を裏切った真の原因はほぼ見当がつく。というのは、表面それらしく見えた彼の美徳も、決してそれは自身の体験と苦難とを経て身につけたものではなく、一に幼時から叩き込まれた人為的な帝王学の結果にしかすぎなかったのだ。」

グラティアヌスの父ヴァレンティニアヌス帝（在位三六四〜三七五）が帝王学にこだわったのは、彼自身が皇帝となったときに、その器に自分を合わすべく苦労を重ねたからであり、息子にはその苦労をさせなくなかったからであろう。だが、人は苦労を重ねたゆえに苦労の大事さがわかるのであって、苦労なしに苦労の大切さを理解できるものではない。次世代に苦労をさせることは、苦労をさせないこと以上に困難なものである。

これはヴァレンティニアヌス帝の時代だけではなく、五賢帝の一人であり、前帝トラヤヌスから皇位を継承したハドリアヌス（在位一一七〜一三八）の場合も同様であった。ギボンはこの皇帝が賢帝といわれたとしつつも、「彼の精神を支配していたのは好奇心と虚栄心だった。それらに支配され、関心の対象が変化するごとに、英邁君主になるかと思えば、たちまち馬鹿気切った詭弁家、嫉妬深い暴君へと一変する始末」とこき下ろしている。トラヤヌス帝と同様に、ハドリアヌス帝もまた後継者の選定に最後まで迷走している。このハドリアヌスの心境については、現在のわたしたちは思い図るしかない。

フランス貴族の血を引くベルギー人作家で女性としては初めてアカデミー・フランセーズ会員となったマルグレット・ユルナールは、気難しいハドリアヌスの精神の内面に入り込み、彼の心境を日記風につづったユニークな心理描写作品である『ハドリアヌス帝の回想』で、後継者について彼の考え方をつぎのように忖度してみせる（多田智満子訳）。

「わたしは子どもがない。そのことを悔やんでいない。たしかに、倦み疲れ、心弱って、自分自身を否むようなおりおりに、ときとして、自分を継ぐ息子を生む労をとらなかったことについて自分を責めることがあった。しかしこの無益な悔恨は二つのいずれも劣らず疑わしい仮定にもとづいている。つまり、息子は必然的に親の延長であるという仮定と、それから、善と悪とのこの奇妙な混合物、個人を形成している微細なへんてこな特性の集積が、延長されるに値するのであるという仮定と。……真の人間的連続性が確立されるのは血のつながりによってではない。」

ユルナールの忖度したハドリアヌスは、血のつながりによって皇位を継承させる子どもがいなかったがゆえに、後継者をめぐって死の直前まで前帝と同様に思い迷うことになる。さらに、ユルナールはその心境を「歴史上の大人物はたいていい凡庸な、または凡庸以下の子孫をもっており、彼らは己のうちに一族の資源を汲み尽くすかのようである。父の愛情はほとんどつねに首長としての利害との相克をもたらす」と描いたうえで、帝王教育――帝王学――なるものについてのハドリアヌスの考え方を、つぎのように記した。

「皇帝の息子は、未来の君主にとって最悪の教育である帝王教育を受けるという不利益をやはり被る。幸いにして、わが国が帝位継承の規則を作りえたかぎりにおいて、養子制度がその規則である。わたしはここにローマの知恵をみとめる。選択の危険、また選択において起こりうる誤りをわたしは知っているし、盲目的であるのはただ父の愛にのみ限るわけではないことを知らぬでもない。しかし知性が主となって行う、あるいは少なくとも知性の関与するこの決定は、偶然と粗野な自然との曖昧な意思よりも、わたしにはつねづねはるかにすぐれたものと思われる権力を、それにもっとも値する者に。世界政治の操作において有能さを証したひとりの男が、彼にかわる者を選ぶこと、そしてかくも重大な結果をもたらすその決定が、彼の最後の特権であると同時に、国家への彼の最後の奉仕であることは善いものだ。しかしそれほど重要なこの選択を行うことは、わたしにはかつてないほど難事業に思われた。」

この種の話は、ローマ帝国の事例を持ち出さなくても、創業者である初代の社長とこれを継ぐ二代目の宿命として、小は町の鉄工所から大は中堅企業あたりまで、わたしたちの身の回りによくあることである。要するに、若いころから楽をせず、苦労は買ってでもせよということなのである。

だが、現実には、初代と二代目世代との間では、社会のあり方も大きく変化するし、また、企業を取り巻く環境も同じでは決してあり得ない。二代目世代に初代と同じような経験をさせることは実際には不可能に近いのである。つまり、苦労は買ってでもせよといわれても、同じ苦労を買うことはきわめてむずかしいのである。

したがって、親が良かれと思って子供に施す「帝王学」なるものは、しばしば本来の帝王学としてではなく、むしろ逆説として働くのである。ヴァレンティニアヌス帝の場合、この人物が追い求めた君主イメージの鋳型を若い息子にはめようとしたのである。

この苦労人の皇帝はさまざまな試練を乗り越えたことで、自らが理想とする皇帝像にある程度近づけたに違いない。だが、ウァレンティニアヌス帝はその理想とする姿に近づくには自分一代ではまだ困難であるとみた。彼は皇帝のあるべき理想像を次世代に求めようとした。そう思うこと自体は有限の生命をもつ人、とりわけ、親の自然で純粋な思いであって、それ自体をどうこういうべきものではない。だが、問題はその方法論にあった。

この種の世代論はわたしたちのまわりにも豊富にある。たとえば、わたしたちのビジネス社会でも、初代・二代目・三代目の世代論なるものがある。初代は苦労して事業を創出した世代、二代目は初代の苦労を知りながら――いわゆる親の背中を見つつ――、初代の事業を大きくしようと努力する世代、しばしば、二代目は最初から裕福である。そして、初代の苦労など全く知らない三代目が事業をつぶすともいう。四代目ともなればただの人というわけである。

このような訓話はどのような社会にもあるようである。一四世紀北アフリカのチェニスで生まれ、古代ローマ支配終焉後、戦争と動乱が繰り返されたイスラム圏で波乱の人生――学者、教師、裁判官、政治家など――を送った歴史家のイブン・ハルドゥーン（一三三一～一四〇六）は、『歴史序説』で、アラビア人やペルシア人などの歴史を振り返って、一つの家系で名門を保てるのはせいぜい四世代が限度であると述べている。

「名門は四世代のうちに終わってしまう。栄光の創始者は何が創始に値するかを知り、栄光を創り出し、持続させる資格に気をつける。次にその息子は父と個人的に接触をすることによって、このことを学ぶ。

しかし学ぶことによってその資格を身につけた者が、経験によって得た者に劣るように、彼はこの点父に劣っている。次の三代目の役割は模倣、とくに伝統への盲従である。伝統への盲従者は自己判断者より劣った者であるから、三代目は二代目より劣っている。ついで第四代目はあらゆる点で前任者より劣っている。彼は築き上げられた栄光を支えている諸々の資格を失ってしまう。実際に四代目はこの資格を軽蔑し、この栄光の館が経験や努力で建てられたとは考えないで、それはただ〔高貴な〕血統の力によって、最初から彼の家系に与えられたものであって、連帯集団の努力や各人の資格によって生じたものではないと思う。」

単なる学者ではなく、イスラム圏のいろいろな王国で政治家としても活躍し、国家間の対立に翻弄され自らもさまざまな辛酸をなめたハルドゥーンが、実体験を通じて四世代論を展開しているだけに、説得力がある。

ローマ帝国の歴史にも精通し、ペルシア王国などアラブ世界の歴史を研究してきたハルドゥーンは、人の経験がなかなか次世代には継承されず、それを書物などによって学んでも、現実にはなかなか身につかないことを指摘しているのだ。学ぶこととはまずは「模倣」そのものであって、「想像」ではない。やがて、模倣が「伝統」となり、それを守ることだけが重要視されるようになるが、それは「盲従」である場合も多いのである。盲従であれば、それは過去の栄光の継続ではないのである。

「名門」と呼ばれる人びとがそのようにして「貴族化」することは、その人物から経験に対する「謙虚さ」を奪い去ってしまうものである。往々にして、そのような人物は他の者を卑しみ、蔑むようになってしまう。そのような人たちが指導的な地位にとどまることは容易なことではないのだ。ハルドゥーン自身はイスラム圏の王朝の子孫たちの帝王教育に実際に従事した経験から、そのような事例を豊富に知っていたのだ。ハルドゥーンはいう。

「こうして新指導者の家族が成長し、一方旧指導者の家族は衰微し、貴族としての館は朽ち果てる。これは王権をもつ支配者の場合であり、部族の太守や、連帯意識を持つ集団の貴族すべての場合であり、また都市市民のなかの貴族の場合でもそうである。ある貴族が没落すると、同血縁系統の他の貴族が生まれる。……四世代続いて名門が保たれるという理論は、これでほぼ真実になった。もっともなかには、四世代も経ないで没落し、滅亡する貴族もあれば、衰微や没落の状態のありながら五世代も六世代も持続する貴族もあるかもしれない。しかし四世代の場合は、創始者、創始者との個人的接触保持者、伝統盲従者、破壊者からなり、これより少ないことは滅多にない。」(＊)

＊　イブン・ハルドゥーンの『歴史序説』の訳者である森本公誠はイブン・ハルドゥーンの「王朝三世代論」についてつぎのように解説している。「それは一世代約四〇年とみなし、王朝の寿命は概して三世代を超えないというもので、強い連帯意識に支えられている第一世代、奢侈と安逸から連帯意識が弱化する第二世代、完全に連帯意識を喪失した第三世代の計一二〇年からなる。」イブン・ハルドゥーン（森本公誠訳）『歴史序説』第四巻（岩波書店）。

ところで、政治家でもあり歴史家でもあったハルドゥーンは、歴史を学ぶ意義について「なるほど歴史は、外面的には政治的事件、諸国家、遠い過去に起った先例などの報告以上のものではない。しかもそれは優雅に語られ、諺で趣を添えられ、むせ返るほど賑やかな会合の話題を提供し、われわれに人間関係を理解させてくれる」と指摘したうえで、彼自身の興味は「状況の変化が人間関係にいかなる影響を及ぼすか、どのようにしてある国家がその彊域を広げるか、そして、その国家が勃興し、やがて滅亡するときがくるまで、どのようにして地上にその生命を保たせたかを示してくれる」という点にあると言う。これはギボンにも共通する歴史への視点である。ハルドゥーンの歴史書もまた、現代に生きるわたしたちにとっては組織論でもある。

さて、ヴァレンティニアヌス帝は次皇帝の座を約束されていた息子の周囲に学者やあらゆる技芸の老師たちを呼び寄せた。ヴァレンティニアヌス帝は教師団が彼の息子に次期皇帝教育——帝王学——を授けてくれることを望んだのである。だが、こうした帝王学という金メッキは彼の性格まで根本的に変えたわけではなかった。金メッキをいくら塗り重ねても、本体が純金へと変化するわけではない。

ヴァレンティニアヌス帝のあとに、グラティアヌスが新帝になると、帝王教育担当の教師団もまた彼の助言者として帝国の中枢に居座り、実質上、若き皇帝に代わって帝国の政治を動かした。若き新皇帝の名で的確な命令が発せられた、と人びとが思っても、それは新皇帝が状況をつぶさに調べ、その対応を悩みつつ自ら考え抜いた結果ではなかった。老練な教師団が用意した文書にサインするだけが、彼の唯一の仕事となった。必然、グラティアヌス帝はそのサインのもつ重さに鈍感となっていった。政治とはそんな安易なものであるはずもない。

ギボンは「賢明にも彼等（教師団—引用者注）は内密の権勢を巧みに秘していたので、帝の生涯在任中を通じ国家最重要の政務決済に当っては、さもそれらがすべて帝自身の毅然たる判断により適切賢明に行われたかのごとくみえたものだった」という。それはそうである。教師団、いまでいえばブレーン集団は、「俺が、俺が……」と皇帝より前に出ることが、たとえ、皇帝が幼少のころから自分たちがメンター役として特別扱いされていても、たちまち失脚につながることを知悉していた。保身を優先した彼らはつねに皇帝の影の存在となっていた。

やがて、教師団が歳を重ねて徐々に去っていくに従って、若き皇帝は教師団にいわれるままに賢明な皇帝の役を演じることに飽きていった。先帝が苦心して施した帝王教育の金メッキは次第に禿げていった。グラティアヌス帝は人間グラティアヌスの「柔弱遊惰」の地金を出し始めたのだ。

彼は政治を宮廷の取り巻きたちに任せ始めた。忠実なる教師団に代わった阿諛の売官たちがローマ帝国の政治を牛耳り始めるのにそう時間はかからなかった。結局のところ、人というのは自らが苦労し努力したことによってしか「独立不羈の行動的精神」の度量を大きくはできないのだ。政治を投げ出し、グラティアヌス帝は趣味の狩猟に没頭し始めた。

ギボンは愚帝化――もともと愚帝であったかもしれないが――したグラティアヌス帝を「政務、いや、帝位の威厳をすら忘れて連日狩猟に没頭しその妙技と大胆さを誇示するだけの愚挙に明け暮れていた。いずれ狩猟の腕など最下層の奴隷といえども帝を凌ぐぐらいは容易にできる芸である。それの練達をかりにもローマ正帝が誇りとし、また念願するに到っては、観るものたちがネロ帝やコンモドゥス帝の前例を想起したのも当然だった」とこき下ろしている。

わたしたちの周りにも、親が苦労して作った財産を書画骨董――しかも贋作――に入れ込んで使い果たす人がないわけではない。だが、グラティアヌス帝の場合、遊興のスケールはけた外れて大きかった。財産を使い果たす人たちは往々にして財産を蓄えることの大変さと苦労を知っているわけではない。

大浪費家グラティアヌス帝のそうした軽挙はローマの人びとの悪評を買ったが、より深刻であったのは軍人たちの皇帝への忠誠心を著しく低下させたことであった。グラティアヌス帝は狩猟という趣味にかかわる人物を周りに配し、ローマ帝国の政治を全く忘れた。身辺警護も誇り高きローマ帝国正規軍の面々ではなく、かつての手ごわい敵であったアラニ族の一団に任せ、狩猟に秀でたスキタイ族兵士の軍装と武器で野原を駆け巡るような生活を送った。これがローマ帝国の誇り高き兵士たちのプライドを逆なですることになった。

グラティアヌス帝の周りの教師団は、ローマ帝国に危機があるときに、皇帝たる者は軍隊の先頭に立って獅子奮迅の役割を果たすべき象徴的存在であることを伝え忘れたのか。あるいは、グラティアヌス帝がその講義を全く聞いていなかったのか。歴代ローマ皇帝がいかに軍内部の軋轢によって葬り去られてきたのかを教える歴史という教養科目がなかったのか。軍部の不満は高まるばかりであった。やがて、ローマ軍を率いていたブリタニア駐屯のマクシムスが反旗を翻すことになる。パリで過ごしていたグラティアヌス帝は、猛将マクシムスの軍隊の進軍を聞き狼狽した。皇帝への忠誠心がもっとも高いはずである近衛軍ですら、皇帝に愛想を尽かして逃げ出す始末であった。このときばかりは、軍などに興味がなかったグラティアヌス帝でも、ガリアに展開するローマ軍の反撃に期待するしか手立てはなかった。

だが、彼らは城壁をグラティアヌス帝に対し閉ざし保護しようとはしなかった。この単純な事実からも彼の評判がどのようなものであったかがわたしたちに伝わってくる。グラティアヌス帝はわずかの手勢で弟帝のウァレンティニアヌス二世（在位三七五〜三九二）支配下の地域までなんとか行き着いたものの、マクシムス側の刺客によって葬り去られたのである。うんざりするが、ローマ皇帝の幕引きの定番のような最後であった。

マクシムスのその後について、ギボンは「マクシムスにして三つの広大な国土（それは今日近代ヨーロッパの繁栄する三大王国を成している地域だが）の領有だけに満足していたならば、あるいは彼の治世、平和も繁栄裡に終っていたかもしれぬ」と述べたが、野心に満ち溢れていたマクシムスは現状に全く満足できずアルプスを越え西ローマ帝国へと軍を進めた。

これを知ったグラティアヌス帝の異母弟の幼帝ウァレンティニアヌスは母とともに東方帝テオドシウスに保護を求めて、西ローマ帝国からからくも脱出した。この報を聞いたテオドシウス帝は警戒し、ウァレンティニアヌス一行を首都コンスタンティノポリスに入れず、テサロニカ市にとどめたのである。

テオドシウス帝はローマ軍だけではなくフン族、アラニ族、ゴート族から構成された騎兵隊をかき集め、一挙に僭帝マクシムスとの戦いに臨んだ。この勢いに度肝を抜かれたマクシムス軍からは戦わずして多くの投降者が出たといわれる。マクシムスはその一子とともに捕えられ、あっけなく処刑された。テオドシウス帝はその冬をミラノ市離宮ですごしたのち、先例に従いローマ帝国の旧都に凱旋している。

ギボンは、テオドシウス帝（在位三七九～三九五）について、「大帝国の統治ともなれば、当然人間の時間と能力とのすべてを要求するに十分だったのに、自彊息むことを知らぬこの帝は、柄にもない碩学との名声こそ求めなかったが、余暇さえあればその幾割かを有用な読書（史書―引用者注）の楽しみに充てた」とその文人ぶりも描いている。

確かに、勇気に溢れ有徳の士であったテオドシウス帝といえども、時に宮廷的享楽に浸ることもあった。しかし、彼は、皇帝ともなればその権力ゆえに諫める者がいないことに気づき、生涯にわたり人格の陶治に努力を続けたようだ。そうしたテオドシウス帝の治世といえども、帝国内はつねに平静であったわけではなく、暴動や反乱もあった。

他方、テサロニカ市に母とともに難を逃れたウァレンティニアヌスは、若さゆえに内戦の惨禍に巻き込まれ、マクシムス討伐に功あった野心あふれる軍人たちによって葬り去られた。ローマ帝国史とは、ある意味で軍人によるクーデター史でもあるようだ。

背後で軍人たちを煽った黒幕であったフランク族出身のアルボカステスは、マクシムスの轍を踏まずテオドシウス帝に巧みに取り入り、西方帝となることを画策したが、結局のところマクシムスと同じ運命をたどった。その後の展開をギボンは「かくして帝国の運命は狭いイタリアの一隅で決定されたのだ。そしてヴァレンティニアヌス家の正統継承者たるテオドシウス帝は、ミラノ大司教アンブロシウスの胸を抱き、西方全属州の委譲を謹しんで受けた」と記している。

その結果、テオドシウス帝の名声はさらに上がった。だが、この数ヵ月後にそれまでの「無理」がたたったのか、彼は病の床に就いた。普通ならば、遠征と帝国の政治にその知力と体力を使い果たしたと歴史家は書きそうなものだ。だが、ギボンは「事実は、安逸と贅沢に耽るその日々が、知らず知らずに病根を養っていたのだった」とそっけなく述べている。

テオドシウス帝は次男ホノリウスをミラノに呼び寄せ、帝笏——皇帝職の象徴の一つ——を授けた。長男アルカディウスが東方を、ホノリウスが西方を分割統治することをローマ人たちは知った。テオドシウス帝を失ったローマ帝国は「堕落の時代」を迎えることになる。「堕落の時代」はやがて「崩落の時代」へと突き進むことになる。

栄光のローマ帝国は新たな段階へと移りつつあったのである。テオドシウス帝がそのような事態に対処できるだけの帝王教育を次世代に施していたかどうか。その後の展開を知ることのできるわたしたちからみれば、甚だ疑問であったことだけは確かである。

規律と精神の萎え

人は名誉や信条だけで生きているのではない。かといって、名誉や信条と全く無関係に生きていけるものでもない。人間とはそのような二元性をもった存在ではなかろうか。皇帝も、軍人たちもまたそうである。時として人を動かすのは大義であり、時にはカネの力でもある。

人が現世（＝世俗）的存在であるかぎり、ローマの時代といえども、さまざまな利害が張り巡らされた世の中に人びとは生活していたのである。とりわけ、軍人たちは報奨金の多寡で自らの「生」と「死」を天秤にはかり、その忠誠をも売買するようになっていった。軍人の本分とされた忠誠心や名誉心という大義もまた市場化され、値段がつき売買されたのである。

ローマ帝国軍がローマ市民たちで構成されていたとき、彼等は兵役をローマ市民の名誉ある義務としてとらえ、皇帝への忠誠を当然のものとする信条をもち、その信条こそが最新兵器とも相俟ってローマ軍の強靭さを支えるものでもあった。この意味では、かつてのローマ軍はローマ市民軍でもあったのである。

やがて、ローマ軍の部隊構成は他民族化し、属州からの兵隊との混成部隊が普通となり、さらには属州の兵隊なしには成立しない組織となった。軍紀は、忠誠心と疑心暗鬼との間で現実には揺れ動いていたのである。

ギボンはそうした軍人組織の変容が、ローマ帝国を衰亡させた最大要因の一つとなっていったと随所で指摘している。彼は興味ある軍装――軍人の戦闘用などの服装制式――に関わる逸話をいくつも紹介している。ローマ軍兵士は、ハリウッド映画などでもお馴染みのように、防身用の重甲冑――俳優たちが当時と同じような重さの甲冑をつけて演技していたどうかはわからないが――を着けていた。これは敵兵の槍や矢への有効な防御手段となっていた。

実際のところ、かなり重量のある甲冑を着けて戦うことは、強靭な兵士たちといえども、その体力を急速に失わせる。ゆえに、アメリカンフットボールの試合のように、部隊の隊長の号令――笛――の下に陣形――フォーメーション――をつくり、敵と直接やり合う最前列の兵士たちと後列に控える兵士たちを一定時間ごとに入れ替え、戦いに疲れあるいは傷ついた兵士たちを後方で休息させた。

そうした闘い方においての隊長の采配の要諦は、敵の戦闘能力を瞬時に判断し、十分な体力をもつ兵士たちを最前列に立たせることであった。ローマ軍の強さは、単に兵器そのものの水準の高さだけではなく、こうした戦闘システムの採用と猛烈な軍事教練、さらに現場の指揮官の強いリーダーシップにあった。

だが、平和ぼけしたローマ兵たちは、重装備での教錬を嫌がるようになっていった。彼らは体力的に楽な軽装備を望むようになった。必然、ローマ軍の戦場での戦闘――防御――能力は目に見えて低下した。ローマ軍伝統の防身用重甲冑を採用し身につけるようになったのは、そうした軍装のローマ軍にそれまで痛めつけられていたゴート族やアラニ族たちのほうであった。皮肉にも、重装備化した彼らが軽装備となったローマ兵を容易に蹴散らすようになっていった。皇帝たちは軍紀を引き締め、ローマ兵たちに従来の甲冑を身につけるよう義務づけなければならない始末であった。ギボンはいう。

「グラティアヌス以後の後継帝たちをして、ふたたびまた兜と胸甲との使用を歩兵隊に要求させたが、それも効果はなかった。すでに無気力になった兵たちは、みずからの護身のみならず、国家の衛りまで放棄してしまったのだ。そしてこの臆病きわまる彼等の懶惰性こそが、帝国没落の直接原因だったと考えてよかろう。」

ところで、精神と規律――綱紀粛正――ということでは、キリスト教のローマ帝国への影響はどのようであったであろうか。ギボンもふれているが、人は精神や信条といった抽象的な価値よりも見えるかたちでの証を求めるものだ。

ネロ帝などの時代には、キリスト教の殉教者はローマ帝国にとって厄介者扱いされたが、キリスト教の国教化と普及により、キリスト教の説く神はローマ帝国を護るむしろ天上の守護者として扱われるようになっていた。ギボンの筆によれば、つぎのように解釈されるのである。

「信仰に殉じたこの人たちへのキリスト教徒らの感謝にみちた尊敬は時を経て、またこの勝利を経て、宗教的熱愛にまで高められた。……コンスタンティヌス大帝の改宗につづいた時代には、歴代の皇帝も執政官も軍隊の将軍らも、一介の天幕職人〔聖パウロ〕や漁夫〔聖ペテロ〕に過ぎなかった者の墓にうやうやしく詣でた。……コンスタンティヌス帝の治世からマルティン・ルターの宗教改革までに経過した千二百年という長期の間に、聖者および聖遺品への崇拝が模範的キリスト教の純粋で完全な単純さを阻害したことは否めない。」

ローマ市民たちなどにとって雲の上の人であった皇帝が、一介のキリスト教徒――殉教者――のために墓へと詣でたことは、教会関係者たちの聖者の遺品探しに拍車をかけたことは想像に難くない。いまもむかしも、民衆派を装う政治家たちはそうしたパフォーマンスによるイメージ効果をよく知っているものだ。しかし、考えてみれば、これもまたきわめて逆説的な話である。キリスト教会がローマ帝国内の偶像崇拝を攻撃し、迫害したことはよく知られているが、大衆普及の時代になると、キリスト教が視覚的な儀式と聖者たちの遺品探しに堕していた。ギボンは「コンスタンティヌス帝のキリスト教は、一世紀とはたたぬうちにローマ帝国を完全に征服し終えたが、その勝利者たち自身は打倒したはずの相手方のやり方に、知らないうちに屈服していたのである」と鋭く指摘している。

さて、分割されたローマ帝国のその後である。ギボンは「ローマ伝統の真髄はテオドシウス帝と共に滅びた。帝こそは、軍の先頭に立って戦場を馳駆したアウグストゥス、コンスタンティヌス両大帝の後継帝たちの最後の人で、その権威は帝国の全領域を通じてあまねく承認されていた。その人徳の思い出は彼の死後も残って、若い二子のひ弱さと無経験とを守った」と当時の様子を描いている。

残された一八歳と一一歳の年若い皇帝たちが世間の裏も表も知り尽くしているはずなどない。一方、前帝の重臣や軍人たちは世慣れしている連中である。若くて未熟な皇帝たちは前帝の取り巻き連中の権力闘争の磁場に引き寄せられ、互いに不和となっていく。そして、帝国内の不和は帝国外へと漏れ、ローマ帝国の脆弱化を知るようになったゴート族の反乱をやがて引き起こすことになるのである。

ミラノのほとんど無防備な宮殿にいたホノリウス帝はゴート族に追い詰められ、危うく生命を落とすところであった。この恐怖から、ホノリウス帝はポー河の最南端の河口近くの地ラヴェンナに堅固な要塞を建設して、引きこもってしまった。よほど、生命からがら逃げ出したのであろう。

ギボンは、「ひたすら一身の安全のみを願う西皇帝は、城壁と沼地に守られたここラヴェンナの地の永久的籠居に齢二十歳で引きこもった。ホノリウス帝の示した範は、彼の羸弱な後継者たちにも、さらには皇帝の王座と宮殿とを奪ったゴート族の王たち、もっと後には羸弱な後継者たちにも……もっと後にはビザンティン帝国から派遣の総督らにまで引き継がれて、八世紀中頃までラヴェンナは、イタリアの首府で政庁の所在地と考えられた」と述べている。

この若い「引きこもり」帝が、ローマ帝国発祥の地イタリアにまで影響力を増してきたゴート族などの動きに敏感であったことは想像に難くない。実戦の経験がない若い皇帝が臆病であること自体は、責められるものではない。そのような皇帝はしばしば事変への有力な感性の持ち主である場合も多いのである。しかしながら、その感性が己れ安全のみへのものであったとすれば、ローマ帝国にとって必ずしもプラスにならなかったであろう。

かつ、この若い皇帝が、ゴート族の背後のさまざまな民族の対立にまで想像を及ぼしたのかどうかはなはだ疑問である。ゴート族から発した動きが各地で玉突き効果を生み、ローマ帝国への謀反の機運を醸成しつつあったことをどこまで感知していただろうか。おそらくは、知らなかった、というよりも、あえて知ろうとしなかったのだろう。勇敢さよりも臆病さが身を護ることも多い。

だが、この逆もある。認めたくない事実を知ろうとしないことが身を滅ぼすのである。引きこもり皇帝は知ろうとしなかったが、危機は間近に迫っていた。ガリア属州への蛮族たちの進出は、アルプス以北のローマ帝国の崩壊につながっていくことになる。ブリタニアもまたローマ兵の撤退ともにローマ帝国から抜け落ちていった。

ギボンはこの時期を振り返って、「帝国が最も深い傷を負うたのはテオドシウス大帝の息子や孫たちが未成年だった時期であり、これら無能な公子たちは成熟の年齢に達したと見えた後も、教会を司教たちに、国事を宦臣たちに、各属州を蛮族らに委ねてしまったのだ」と述べたうえで、こうして生まれた「欧州諸国」において王侯貴族などが出現することになったと振り返っている。欧州中世史の前史がそこにあった。

さて、西ローマ帝国滅亡後の東ローマ帝国であるが、ギボンはコンスティノポリスの帝座へと昇ったゼノン（在位四七四～四九一）、アナスタシウス（在位四九一～五一八）、ユスティヌス（在位五一八～五二七）の三人の凡庸な皇帝には多くの頁を割いてはいない。

ギボンはリーダーシップを発揮した形跡のない凡庸すぎるこの種の皇帝には、さほどの関心や興味を示してはいない。一方、ローマ帝国の中心地イタリアの息を吹き返させた東ゴート族の王テオドリックの三三年間の治世については、かつてのローマ帝国の首都に規律と精神の復活をもたらしたとして大いに評価している。

テオドリックの治世がイタリアに繁栄をもたらし始めたことに、アナスタシウス帝は嫉妬した。しかしながら、現実には無力のアナスタシウス帝はテオドリックの統治能力を認めざるを得なかっただろう。軍人テオドリックに立法者としての素養はなかったといわれるが、政治家としてローマ帝国の制度を利用してローマ人とゴート族との共存共栄を図ろうとしたのである。

テオドリックが望めば、西方帝としての名称も紫布も継承できたかもしれない。だが、その素振りすらみせず、東方帝アナスタシウスを形式的に敬い、東西共存を図る姿勢をみせた。平たくいえば、苦労人テオドリックは苦労知らずのアナスタシウス帝よりも一枚も二枚も世渡り上手であったことになる。

阿諛と嫉妬の相乗

歴史家ギボンが歴代皇帝を評するときの鍵概念は、すでに強調したように、「阿諛」と「嫉妬」(*)であるといってよい。ギボンは、賢明な皇帝といえども阿諛追従を繰り返す宦臣たちに取り囲まれ日常生活を送っていれば、阿諛と嫉妬の泥沼に足を取られ身動きできなくなることを、トップに立つ者への教訓として後世に伝えようとしている。少なくともわたしなどはそう感じる。ギボンの著作は、「指導者論」でもあるのだ。その魅力あるメッセージは現在に生きるわたしたちに時間の壁を超えて伝わってくる。

ローマ帝国の皇帝史のあちこちには、皇帝のみならずその重臣などの嫉妬が燃え盛ることで、本来選ぶべき道を誤った話が豊富に登場する。たしかに、阿諛と嫉妬はローマ帝国の政治を徐々に脆弱化させてきたのである。

＊　嫉妬――嫉妬を正面から取り上げた経営学はないが、嫉妬とマネジメントやリーダーシップ、起業家精神との関係についてはつぎの拙著を参照。寺岡寛『逆説の経営学―成功・失敗・革新―』税務経理協会、二〇〇七年。なお、嫉妬などは遠くローマの時代においても、人間社会をとらえる上で重要な鍵概念であった。たとえば、ローマの政治家であり哲人であったセネカ（一?～六八）が、ローマ皇帝とそれを取り巻く元老院議員たちの身近で働きその多忙の中で書き残した数々の論稿にも「嫉妬」――追従も含め、名誉を追い求める感情の反作用としても――がよく登場している。それゆえに、セネカは「生の短さについて」で「誰かがすでに何度も高官用のトガをまとっているのを目にしても、また、誰かが中央広場で名を挙げてもてはやされているのを目にしても、羨望の気持ちをもたないようにしたまえ。そのようなものを手に入れようとあくせくするのは、生の損失となるだけである。わずか一年の年号に名を添えたいがために、彼らは全生涯を台無しにしているのだ。野心の最終目標に到達するはるか以前、はじめの苦闘の段階で生に見放される者もいる」と書き記した。

また、「阿諛追従」については、セネカは「心の平静について」で「われわれが身を滅ぼすのは、むしろわれわれに対する他人の阿諛追従によってであって、われわれ自身に対するわれわれ自身の阿諛追従によってではない、と判断してよい理由はないからです。敢然と己に真実を語ろうとした人間が誰がいたでしょうか。まわりを取り巻く一群の称賛者や追従者の中にあって、己が己に対する最大の追従者ではなかった人間がいたでしょうか」と述べている。自己の精神との対話を重んじるセネカの当然の指摘である。セネカはまたこの指摘のすぐ後で「嫉妬心」についてつぎのように書き記した。

「千々に乱れる不安定な精神の揺れである。無為の生を厭い、自分にはすることが何もないといって嘆く人々に特有の例の感情、他人の栄達を蛇蝎のごとく憎む嫉妬心は、そこから生じる。不幸な無為の生は妬みを育むからであり、自分が進展できなかったために、誰もが滅びればよいと望むからである。この他人の前進への嫌悪感と自分の前進への絶望感からは、次には運命に怒り、時代をかこち、片隅に退嬰し、みずから招いた責めにくよくよと拘泥し、そうする己の姿に辟易して嫌気がさすまで考え込む精神が生まれる……。」それゆえに、ほぼ同時期の論稿であり、兄のガッリオーへの手紙という体裁をとった「幸福な生について」でも、セネカは大衆の移ろいやすい人気取りに惑わされるのではなく、自己に立ち返る余裕をもち、「お前の愛顧に阿る者たち、お前の権勢を賞揚する者たちを、お前は目にしているであろう。あれは皆、敵か、さもなくば、同じことだが、敵となりうる者たちなのだ。賛嘆する人間の数だけ、嫉妬する人間がいる……」と述べ、嫉妬する自らの心との対話なくしては幸福な人生を送ることなど困難であることを説いた。セネカ（大西英文訳）『生の短さについて他二篇』岩波書店、二〇一〇年。

わたし自身はギボンのローマ帝国史を読むたびに、人間の本質について考えさせられ、大組織の頂点に立つ人物の心得を深く考えるのである。この点、テオドリックは権威を玩具にしたり意味もなく振り回したりせず、周囲に目配りのできる、きわめて抑制のきいた性格の持ち主であったようである。

ギボンは少なくともそのように彼を描いた。テオドリックは阿諛追従の徒輩を避け、人材の適材適所を通じてイタリアの繁栄をもたらした。これはいうまでもなく、いかなる組織といえども、トップたる者がリーダーシップをとりつつ、組織を運営していくためのマネジメントの基本である。とはいえ、ローマ人たちがこの「外国」王を心から信頼していたかどうかはまた別の問題であった。

ギボンは歴史においてつねに逆説的にモノをみている。物事には必ず作用と反作用がある。それは光があれば、影もあるようなものだ。物事のそうした両面性をよく見極めた皇帝たちだけが、もちろん、運もあっただろうが、生き延びている――晩節を汚した皇帝たちもまた多いが――。

ただし、ギボンはテオドリック王といえども、彼の美点のうらにもさまざま汚点も附着していたことを見逃してはいない。テオドリック王もまた嫉妬と無縁でなかったようだ。それは、「最晩年には、この王は嫉妬と怒りに駆られてローマ人による選出に先んじてラヴェンナの宮殿で教皇を指名した」とギボンが指摘していることからも理解できよう。いずれにせよ、キリスト教団が現世においてすでに大きな勢力――大組織――となっており、教皇をめぐる動きはイタリアの政治に大きな影響を及ぼす勢力を形成していたのである。

他方、東ローマ帝国は、アナスタシウス帝の死去によって、後継帝問題が浮上していた。後継者となったのはダキア――いまのブルガリア――の農村出身のユスティヌス一世（在位五一八〜五二七）である。彼は軍人となるため仲間とともに故郷の村を後にして、ローマ軍に入隊し、その後戦功を立て、皇帝レオ一世の近衛兵へと出世した人物である。

アナスタシウス帝の臣下アマンティウスは、皇帝として間接支配できる人物をしたたかに探し求めていた。六八歳となっていたユスティヌス一世はそのような人物であった。ギボンはテオドリック王との対比でユスティヌス一世をつぎのように描いた。

「彼はテオドリックと同じ程度の無学者であった。学術が必ずしも不振でなかったこの時代にあって、東西の両皇帝がそろって全くの文盲であった事実はそれ自体驚くに足りるが、ユスティヌスの頭脳はこのゴート王のそれに比しても格段に劣っていた。」

だが、幸いなことに、ユスティヌス一世は職務に忠実で実務能力の高い者たちに恵まれたようである。彼は文盲で書物から学ぶことがなかったとしても、無駄に歳を重ねていたわけではなかった。人を見極める勘所を心得ていたのだろう。ユスティヌス一世の擁立に際して軍の同意を得るために、アマンティウスは多額の資金も提供した。だが、アマンティウスは斬首されたのだ。権力を現実に手にした者の強さと権力を握らせた者の弱さがそこにあった。

ユスティヌス一世は九年間在位し、甥に帝位を譲った。時代は西ローマ帝国滅亡からすでに半世紀過ぎたころである。

後継帝となったユスティニアヌス（在位五二七〜五六五）は約三九年間にわたりローマ帝国を支配することになる。長期支配には腐敗がつきものである。ユスティニアヌス帝も例外ではなかった。彼が多々犯した誤りは、帝国内の経済発展によって随分と帳消しされたに違いない。コンスタンティノポリスが東西交易の結節点として大きな役割を果したためだ。ただ、それだけに富の分配をめぐる宦臣のエピソードには事欠かない。

ユスティニアヌス帝はゲルマン系のヴァンダル族が王国を形成していた北アフリカへ勇将ベリサリウスを派遣し、旧西ローマ帝国の失地回復を図っている。ユスティニアヌス帝は数百隻以上の艦船に多くの兵士を乗船させ、アフリカ遠征に向かわせた。こうした「聖」なる戦いでも、自分たちの職権をがめつく利用しようという連中がいた。軍用食料によって利鞘を稼ごうとするローマ軍の軍人も多かったのである。この傾向は地域紛争といわれるようになった現在の「戦争」でも、同じかもしれない。

ギボンは、ここでも権力に諂い、それを利用する人間の本質を描いている。ギボンはカッパドキアの近衛長官のヨハンネスなる人物の「商売」について、「軍事上の慣行に従ってローマ軍のパンないしビスケットが竈で二度焼かれる際に、製品の重量の四分の一の減少が喜んで認められていた。この貧弱な利益を横取りして燃料の経費を節約するためにカッパドキアの近衛長官ヨハンネスは、コンスタンティノポリスの浴場を暖めた同じ燃料の余熱で小麦粉を軽く焼くだけでよい、との指示を出していた」と記している。

それ故に、軍隊に配給されたのはふっくらと焼きあがったパンではなく、柔らく黴臭い練粉であった。そうした不十分な焼き具合のパンはすぐに雑菌がつき、カビが生え、腐敗しやすいものだ。ギボンは「風土と季節による熱も加わって、この種の不健康な食糧は、やがて疫病を蔓延させて五百人の兵士の生命を奪うに至った」と述べている。

このため、指揮官ベリサリウスなどは、戦いの指揮のまえに兵士のために新鮮なパンの調達に奔走しなければならなかった。これは六世紀前半のことであるが、時を超え現在の食品偽装問題をも彷彿とさせる話ではある。

ただし、ローマ軍はアフリカに上陸してから快進撃をつづけた。それは、ベリサリウスの見事な指揮ぶりもあるであろうが、長い平和に慣れてしまったヴァンダル族の兵士たちが脆弱であったことは確かである。

人の本質について、阿諛――おべっか――と嫉妬を重視するギボンとしては当然ながら、快進撃を続けたベリサリウスへの周囲の阿諛と嫉妬について記している。

「(勝利の祝宴への―引用者注) 参列者が一様にベリサリウスの功績と成功を称えた祝勝の席で、彼を嫉妬するおべっか遣いの徒輩は、その挙止と言動の一つ一つに嫉妬深い皇帝の猜疑を刺激しかねない毒を秘かに盛った。……この種の行事は民衆の尊崇の念を引きつける効果から考えても決して無意味でなかった。しかし勝利の喜びに浸りながら敗北を想定できたベリサリウスの活動的な精神は、アフリカのローマ帝国は断じて武器の偶然な威力や民衆の好意に依存しては駄目だ、と逸早く決心していた。」

忠臣ベリサリウスのまわりにも嫉妬と阿諛が渦巻いていたのである。

勇将ベリサリウスを前にして、敗戦を不可避とみた相手側の国王は逃亡した。長期戦を覚悟した戦いは一転して短期にして終息した。戦いをよく知り、賢明で冷静なベリサリウスは指導者を失い意気消沈した敵とはいえ、相手の実情を探りつつ慎重に対応している。彼は攻め落としたばかりの都市の城壁と壕を短期間に修復・強化して敵の反撃に備えた。歴戦の勇士であるベリサリウスは一時の勝利の危うさというものを知悉していたのである。

慎重さを失うことがなかったベリサリウス軍はやがてカルタゴを占拠し、凱旋を果たすことになる。ギボンは「権力には阿諛が、そして優秀な才能には羨望が付きものである、との通俗な真理の新しい実例で正当化された」と述べたうえで、ベリサリウス将軍の「凱旋」の予期される結果についてつぎのように分析を加えた。

「ローマ軍の司令官たちは、自分らもこの英雄の競争者であると真面目に考え始めた。彼らの私的な急使は次々と、この名声の高い国民的人気者たるアフリカ征服者が自らヴァンダル族の王位に即こうと画策している、との悪意ある通報をもたらした。ユスティニアヌスは非常に辛抱強くこれに耳を傾けたが、彼の沈黙は信頼よりは嫉妬の結果であった。」

ローマ帝国にいる軍人たちは、ベリサリウスの勝利に嫉妬をもてあますようになっていた。ユスティニアヌス帝は、遠く戦場にあるベリサリウスの獅子奮迅の戦いぶりを嫉妬を交えて軍から伝えられていた。ユスティニアヌス帝もまた自らの嫉妬をもてあましていた。

ベリサリウスが本国の状況をどこまで知っていたかはわからない。しかし、賢明な彼のことであるから、おそらくいろいろなことを思い描いたことだろう。ベリサリウスにとって現実的な選択は二つであった。一つは凱旋せず現地にとどまる。二つめは首都に凱旋する。ベリサリウスは迷った挙句に、後者を選択した。ベリサリウスはユスティニアヌス帝の懐へ思い切って飛び込み、皇帝への揺らぎない忠誠心を直接示そうとしたのだ。

結果として、ベリサリウスの「純粋な忠誠心にユスティニアヌスの不安は解け去った。嫉妬心は国家を挙げての感謝によって沈黙させられ」たものの、ユスティニアヌス帝の野望は拡がった。イタリアやスペインのゴート族は、ベリサリウス将軍率いるローマ軍の戦力を甘く見ていた。彼等がアフリカへのローマ軍の進軍を自分たちの領地とは無関係と見たことも、ローマ軍にとっては幸いした。

やがて、ベリサリウス軍はシチリアを難なく攻略した。実際に戦争を経験したことがなかったローマ市民はかつてのローマ帝国の栄光の再来を無邪気に期待したにちがいない。ベリサリウス軍はローマへ入った。少数のローマ軍兵士でローマを防衛することが困難とみたベリサリウス軍は、ゴート軍など一五万人の攻撃に備えてローマの防衛に取り掛かった。このとき、ハドリアヌス帝の墓石なども防壁に使われている。

籠城すれば当然ながら、兵士とともに市民たちの糧食などの問題がある。市民を巻き込んでの長期の籠城戦には糧食などの支援がなければその代償は大きいものとなる。だが、およそ一年に及んだ籠城戦は、勇将ベリサリウスの的確な指揮により乗り切られた。ベリサリウスの従軍はその後も続き、旧西ローマ帝国の半分を回復させていった。

ギボンはこの勇将について「ベリサリウスの鋼の如く固い忍従と忠誠心は、凡人の性格より以上もしくは以下のどちらかだと思われる」と評した。皇帝たちやその重鎮たちの裏切りやへつらいを取り上げてきたギボンにとって、ベリサリウスはその妻の醜聞を別として、謹厳かつ実直な精神をもった稀有な人物――ローマ軍の理想の指揮官――であったのかもしれない。

他方、ユスティニアヌス帝下の東ローマ帝国は、隣国ペルシアとの和戦両面、つまり、対立と協調の間を揺れ動いていた。そうした戦いの困難な局面にはベリサリウスが再度起用されたりした。また、ベリサリウスが去ったあとを治めたローマ軍の凡庸な将軍たちが怠慢であり私腹を肥やしたことなどもあり、イタリアでもゴート族による反乱が起こった。その際にも、ユスティニアヌス帝は反乱を鎮静化させるためにベリサリウスを送り込んだ。

ギボンは「過去の過ちの体験が個人の場合には老熟した年齢の教訓になる場合はあっても、何代か後の子孫に有益な教訓を与えることはすくない」と述べたことがある。過去の貴重な経験といえども、時代をこえてつぎの世代へはなかなか伝わらないのかもしれない。所詮、人は自らの失敗によって学ぶしかないのである。

ギボンは人が失敗から学んだ教訓が、何代か後の世代に受け継がれることは少ないことをこのように指摘した。それは先に紹介したギボンの帝王学論にも共通する。

ユスティニアヌス帝がベリサリウスを重用せざるを得なかったのは、この謙虚で忠実な勇将の経験が同一世代にすら継承されなかったことを示唆している。皇帝はじめその陪臣を褒めることはそう多くなかったギボンだが、ベリサリウスについては、ファンクラブ会長のようにその勇将の器を大いに評価している。ギボンはベリサリウスにリーダーシップのあるべき姿を見ているのである。ギボンはいう。

「われわれは故人の勲功を、人類の平均的な能力を基準にして評価する。行動の場であれ思索の場であれ、天才もしくは徳性の向上を目指す努力は、その実際の高さではなくしてそれが時代もしくは国土の一般的水準を越える相対的な差異によって測られる。それ故に巨人族の間にあっては全く目につかない背丈も、小人の国の中では人目に映らずにはいられない。……ベリサリウスの令名は、疑いもなく古代共和国の英雄たちを凌ぐと言ってよい。彼の欠陥がこの時代の弊風に発したものであったに反して、彼の美徳は本性……自由な天賦として真に彼一人のものであった。」

人間の本質として、ベリサリウスのように天賦に恵まれた人物が実に少ないことを、ギボンは嘆いたに違いない。しかも、いくら勇将かつ知将のベリサリウスといえども、彼一人でローマ帝国を支えるには、ローマ帝国はあまりにも巨大であった。

ゴート族の度重なる反乱によって、苦難に陥ったローマを解放するために急派されたベリサリウスは苦戦した。戦場にいる老将ベリサリウスは、嫉妬と羨望が渦巻く宮廷政治とは無関係であったが、宮廷政治そのものの余波が彼の知らぬところに及んでいた。やがて、ベリサリウスに代わって指揮をとり、「ベリサリウスの天才と敢えて張り合おうと努めた」ナルセスは十分な装備を整えたうえで、ゴート軍をローマから追い出すことに成功する。

この戦いのなかで、元老院議員の一部はベリサリウスの士官たちによって救い出された。ギボンはこの一件をもって、元老院制度の実質的な終焉を宣告している。ギボンは、「元老院の運命は人間の変転についての厳粛な教訓を教える。……十三世紀間の年月を閲した、このロムルス創設の制度は消滅した。ローマの貴族が依然として元老院議員の称号を僭称したにせよ、公共的叡知や立憲的秩序の名残りはその時期以降ほとんど見出すべくもない。つい六百年前までは列国の諸王が、ローマ元老院の奴隷ないし解放奴隷として謁見を求めていた光景を想起せよ」と述べている。

さて、その後のローマ帝国である。ナルセスが総督となり、一五年以上にわたってイタリアを統治した。ナルセスはベリサリウスに向けられていた羨望、中傷などを今度は自身のものとして感じたであろう。周りの阿諛と嫉妬を巧妙に処理し、ローマ軍の軍紀を保ち、安寧を維持することの困難に取り組んだことだろう。それこそが政治といえば政治であるのだが。

他方、年老いたベリサリウスである。ベリサリウスはローマ帝国のお膝元を襲ったブルガリア軍との戦いに召喚された。名将ベリサリウスの勇名はローマ軍や市民たちに忘れ去られておらず、彼らはベリサリウス率いるローマ軍の勝利を確信した。彼は老練で戦い方を熟知する古参兵を中心に配して得意の接近戦でブルガリア軍を蹴散らし、講和条約の席に着かせた。

コンスタンティノポリスの危機はベリサリウスの指揮する軍によってなんとか回避されたのである。が、ベリサリウスは宮廷政治による冤罪としかいいようのない風説で弾劾され、自宅に半年以上にわたって軟禁された。このことが彼の死期を早めた。

ギボンは忠臣ベリサリウスについて、「ベリサリウスの名は不滅である。しかし当然彼のために与えられるべき葬儀、記念碑、彫像の代りに私は、ただゴート族とヴァンダル族の戦利品から成る彼の財宝が直ちに皇帝の手に没収された、と読むだけである。……もしも皇帝がベリサリウスの死を喜んだとしても、この下賤な満足を彼が味わったのはその三十八年間にわたる治世、八十三年におよぶ生涯の最後のわずか八カ月に過ぎなかった」と述べている。

三八年間の長期にわたったユスティニアヌス帝の治世は、周辺族との戦闘のほか、一瞬にして多くの生命を奪った大地震、農作物被害、コンスタンティノポリスの人口を短期間に減少させた疫病などに翻弄された時代でもあった。ギボンはローマ法学の整備――ユスティニアヌス法典――などの業績とは別に、その人間性からユスティニアヌス帝をつぎのように評している。

「実際ユスティニアヌスは民衆からその生前敬愛されることも、死後に哀悼されることもなかった。彼の胸には名声への愛が深く宿っていたが、彼は称号、勲章、同時代の褒賞などのつまらぬ野心にこだわり過ぎた結果、ローマ国民の讃仰を繋ぎとめようと努力しながら逆に彼らの尊敬と愛情を失った。……彼の炯眼はベリサリウスの戦場における才幹やナルセスの宮廷内の力量を発見したけれども、皇帝の名はこれら彼の常勝将軍の名前によって影が薄くなり、とりわけベリサリウスの名は今日まで輝いて彼の君主の嫉妬と忘恩を弾劾し続けている。」

ユスティニアヌスはベリサリウスというローマ帝国の維持に不可欠であった逸材を見出したものの、この忠臣への嫉妬を燃やし続け、彼以上の名誉を夢見たのである。

一七世紀のオランダ政治の中にあったスピノザ（一六三二〜七七）は『国家論』——死後、出版——で、「政治は嫉妬と感情で動く……」ととらえたが、ローマ帝国からそうであったとはいえまいか。ローマ軍の勇将ベリサリウスの生涯は、人間社会の本質構造をいまに伝えているのである。

第三章　組織の寿命構造

父母の世代は祖父母より劣り、さらに劣って悪しきわれらを産んだ。われらはやがて、ますます悪徳にまさる子孫を産むであろう。

（ホラティウス『詩集』より）

組織の維持・保全

冒頭に引用したホラティウス『詩集』の一節について、西洋古典文学研究者の柳沼重剛は、「ローマは堕落の一途をたどり、もはや往時のローマではなくなったと歎く。しかし、理想的な時代のはるか昔において黄金時代の時代とする見方は、以後の人間の歴史を堕落の歴史と見、現代を最悪の時代とする……ホラティウスにかぎらず、ローマにかぎらず、古代世界に広く見られる」と、わざわざ注釈を加えている。

現代の政治や社会に失望すればするほど、わたしたちは過去を理想にみちた時代であったと見る傾向があるのかもしれない。重要なことは、いまの時代に生きるわたしたちのあり方そのものを注視し、改革の強い意志をもつことではあるまいか。過去において理想的な指導者がいたとは限らないし、また、理想的な時代や社会が存在したとは決して限らないのである。

カーネギーメロン大学教授でニューヨークタイムズの経済コラムを長く担当したレオナード・シルクは、米国社会を動かしてきたエリート群像を取り扱った『米国のエスタブリシュメント』（邦訳『エスタブリシュメント―アメリカを動かすエリート群像―』）で、エリート＝指導者とは「自分たちがエスタブリシュメントの一部であることを忘れ、自分たち自身の組織的高潔さと仕事のことを心配すること」を忘れたときに、エリートでなくなることを意識すべきであると警告したうえで、つぎのように述べている。

「信条と精神力と原則を失った組織なら、消え去ってもかまわないのであり、それ以上に生命力のある献身的な組織に席を譲ればよいのだ。重要なのは、組織の背後にある『思想』が生き続けることである。……思想に対する私欲を超えた信頼である。その思想はアメリカでは、自由および公共の善に対する奉仕であった。」

シルクの心配は、その後エンロン(*)の不正経理事件などが米国のビジネス社会で続発することで的中する。と同時に、そのころから、米国でも企業の社会的責任論、ステークホルダー論やコーポレートガバナンス論、さらには社会起業家論などが登場することになった。ビジネス倫理が市場経済体制での法的規制以上に強く求められるようになったのである。

＊　エンロン事件――米国テキサス州ヒューストンに本社を置き、総合エネルギー企業として全米でもトップクラス

の売上額を誇ったエンロン社であったが、その業績は不正な取引とでたらめな経理操作によって支えられていた。粉飾決算の事実が明らかになり、エンロン社は二〇〇一年末に倒産に追い込まれた。

こうした教訓が果たして次の時代へと継承されるかどうか。一つの時代の良き精神がつぎの時代へと良いかたちで引き継がれる可能性などは、元来、まことにはかないのかもしれない。それは前章まで振り返ってきたローマ帝国の歴史についても首肯できる。

ギボンは「一都市が勃興して一つの帝国にまで膨れ上るという事実は、特別な偉観として哲人の熟考に値するかも知れない。しかしローマの衰頽は、その法外な肥大さのもたらした自然で不可避な結果であった。繁栄が腐敗の原理をはびこらせ、破滅の諸原因は征服範囲の広がりに伴って倍加して行った。時の経過と偶発事の続出とが人工的な土台を取除いてしまうや否や、その途方もなく膨らんだ機構は自らの重みに抗しかねた。その滅亡の顚末は簡単明瞭である」と述べたうえで、「何故にローマ帝国が潰滅したかを探るよりも、われらはこの国があれだけ長命を保ったことにむしろ驚くべきである」と述べている。

何故、あれほどの大国であったローマ帝国が潰滅したかではなく、あれほどの大国が長命を保つことができたのか。その視点こそがわたしたちが学ぶべきものである、とギボンはいうのである。

その点こそが、ギボンをして膨大な文献を読ませ、ローマ帝国研究に向かわせたのである。政治家ギボン――議会活動に熱心であったとはそう思わないが――は大英帝国の寿命を思い描きつつ、その答えのヒントを意識的にも無意識的にも遠くローマ帝国の歴史に求めようとしたにちがいない。

ローマ帝国衰退の要因には多説あるが、軍事国家でもあったローマ帝国は、コンスタンティヌス帝によって軍政が緩められたことで、軍が弱体化し、周辺部族によって崩壊させられたとされる。ギボン自身は、ローマ帝国の二分化による「勢力衰退」説に対して、「軍事衰退」説を強調している。

また、「キリスト教の影響」説について、ギボンは「キリスト教の導入、少くともその蔓延が、ローマ帝国の衰亡に多少の影響を与えたと聞いても、われらは驚いたり呆れたりするには及ぶまい」と前置きして、ローマ帝国の勇敢な精神がキリスト教の布教によって断ち切られたとまでは言い切っていないものの、萎えさせられたといいたげである。すなわち、

「社会の活気ある勇気は水をさされ、軍国精神の最後の名残は修道院の奥に埋められ、公私の富のかなりの部分が慈善と献身という尤もらしい要求のために聖別され、兵士らの給料に充てるべき金銭は、禁欲と貞潔の美徳を説く以外に能のない、役にも立たぬ大勢の男女の上に浪費された。……皇帝たちの関心も軍営から教会会議の方に向けられ、ローマ世界は新型の暴政に圧迫され、迫害された側の国家の秘かな敵と化した。」

さて、東西に分かれた後に、東ローマ帝国は東方帝によって継承され、かつての西ローマ帝国は現在の欧州各国の歴史的形成――領土的固有性――を刻んでいくことになる。こうしてみると、大組織にもそれなりの寿命がある。大組織のゆえにその自重に耐えかねて寿命が縮められるのかもしれない。

これは何度も強調したことである。

かつての西ローマ帝国の中心地イタリアは、東ゲルマン族の一部族のランゴバルト族によって蹂躙されることになる。その後は部族間のゴタゴタで国王の地位がきわめて不安定となり、多数の僭王によって分断統治されていく運命をたどった。イタリアの再統一はそのずいぶんと後のことである。

ユスティニアヌス帝（在位五二七〜五六五）の長期治世を引き継いだのは甥――ユスティヌス二世――であった。ギボンは先帝ユスティニアヌスの最晩年と後継劇について「彼の脆弱な精神はもっぱら来世の考察に傾注されて、彼は現世の政務を閉却した。……老齢から来る嫉妬で後継者の指名が遅延したために、彼らは伯父に当る皇帝の遺産を同じ一様な希望で期待していた。彼は三十八年の統治の末に自らの宮廷で絶命したが、この決定的な機会を把んだのがウィギランティアの息子ユスティヌスの友人仲間である」と描いている。

彼らは、先帝ユスティニアヌスの死去が宮廷の外部に知られるまえに、彼の意思なるものを捏造し、甥のユスティヌスを皇帝へと引き上げてしまったのである。こうした光景は、日本の戦国時代や江戸時代だけではなく、世襲の君主制ではなく民主制といわれる現代の政治においても、とりわけ、政治家の突然の死などの折の後継者指名をめぐる動きとして表面化するものである。

こうして、ユスティヌス二世（在位五六五〜五七八）が誕生することになったのである。子供がいなかった先帝の後に、自分がその皇位を継承することをユスティヌス二世がある程度予期していたかどうか、それは全くもって不明である。だが、彼は「幸福と栄光の新時代」を築くことを宣言した。ギボンは彼の治世をつぎのように評価した。

「ユスティヌス二世の年代記は、国外での恥辱と国内での悲惨で特徴づけられる。西方世界においてローマ帝国はイタリアの喪失、アフリカの荒廃、ペルシア軍の侵攻に悩まされた。首都にも諸属州にも不正がはびこって、富者は自分たちの財産の、貧民は自分たちの身の安全のために身慄いした。常設の政務官たちは無知もしくは腐敗していた。」

ギボンのこの指摘も組織の寿命を暗示している。ギボンのローマ帝国史は組織論でもあるのだ。いかに聡明で賢明な皇帝であっても、ローマ市民を満足させ、同時に、軍人たちを手なずけシビリアンコントロールを徹底させ、ローマ帝国の外敵を牽制するなど、在位中にミスなく実行するには超人的な能力を必要としたに違いない。

したがって、ローマ帝国内の腐敗や不正の責任を一人の皇帝だけに負わせることは酷といえば酷である。ただ、一人の皇帝に全責任を押しつけることが困難であったとしても、ユスティヌス二世のように病を得て宮殿内に引きこもり、国内の悪弊を自ら知ろうとしなかったことは十分に責められてよい。

ユスティヌス二世は息子が夭折していたため、娘婿で宮殿警備長官などを務めていたバトゥアリウスに、まるで誕生日の時の贈物のように帝位を譲ろうとした。だが、妻ソフィアはこれに反対し、親衛隊長ティベリウスを新皇帝に推した。これは帝国内の政治というよりは、家庭内の争いといってよい。

結局のところ、ティベリウス（在位五七八〜五八二）が皇位を継いだが、短命であった。皇位はまるでドッジボールのボールのようにつぎへとパスされ、「大衆のなかからマウリキウス」が選ばれた。ギボンはこの交代劇を「王冠を市民同胞の最適任な人間に返却する時間的余裕しか持ち合せなかった」という。この古代ローマの家系に連なる四三歳を超えたある程度の分別をもつ新皇帝は、その後二〇年余にわたって東ローマ帝国という組織の維持管理にあたることになる。

当然といえば当然なのだが、皇帝になったばかりのマウリキウスは東ローマ帝国の維持管理に四苦八苦であった。そのため、新皇帝は旧西ローマ帝国の属州や東ローマ帝国の周辺国へ積極的に干渉するだけの余力がなかった。結果、周辺地域の紛争が活発化することになる。とはいえ、マウリキウス帝（在位五八二〜六〇二）にも多少ともそれなりの野望があったようで、ペルシアとの関係が安定すると、外征を試みた。

ギボンは「かくて十年間もこの可汗（ペルシア王—引用者注）の横暴に耐えてきたマウリキウスは、自らの兵を率いて蛮族討伐に出撃する決意を表明した。この二世紀の間、テオドシウスの後継者が自ら戦場へ出陣した例は絶えてなかった。……マウリキウスのこの軍人らしい覇気は、元老院の露骨な阿諛、総主教の臆病な迷信、皇后コンスタンティナの涙によって反対され、……大胆にも首都から七マイル前進した」と描いている。「七マイルも」なのか、「わずか七マイル」なのか。いずれにせよ、この七マイルがマウリキウスの運命を変える。

準備のない思いつきの七マイル――一三・五キロメートルほど――ばかりの冒険の代償は、きわめて高いものについた。大義のない冒険は偽りの大義を必要とする。彼は、あとの遠征を弟ペトルスに任せて、ペルシア使節団の接遇という口実でそそくさと帰任してしまった。この遠征によって東ローマ帝国の金庫を気前よく空にし、マウリキウス帝は自分自身の生命を縮めることになるのである。

ギボンはこの外征についていう。

「高価な費用は、彼らが防衛できない祖国の財力を蕩尽させた。……彼自身の破滅を惹き起したこの性急な試みは、病弊を一段と悪化させるだけに終った。そもそも改革者は私利の嫌疑を免れていなければならず、さらに矯正の対象たる人間の信頼と敬愛を得ていなければならない。」

この戦いは兵士たちに思わぬ臨時収入をもたらしたかもしれないが、大義なきゆえに皇帝への不平不満を充満させていった。軍の内部に反皇帝のムードが生まれ、思いつきで捨て鉢のクーデターを生んだ。百人隊長のフォカス等はコンスタンティノポリスの皇帝を襲い、逃げ出した皇帝とその家族を皆殺しにした。こうした経緯で新皇帝となったフォカス（在位六〇二～六一〇）について、ギボンはつぎのように描いている。

「もともと文字や法規はもちろん、武器の運用さえ知らなかったこの人物は、今や最高の地位に昇って好色と酩酊という一層無遠慮な特権に耽溺した。彼の野蛮な快楽は彼自身にとって不名誉であるのみならず、臣民にとって極めて迷惑であった。彼は君主の責任を引き受けもせず、兵士としての職務を放擲した。その結果フォカスの治世はヨーロッパを不名誉極まる和平で、そしてアジアを戦争の荒廃で打ちのめした。彼の粗暴な性情は激情で燃え上り恐怖で頑固となり、そして抵抗もしくは非難で爆発した。」

フォカスの新皇帝就任は帝国属州での反乱を呼び起こし、アフリカ総督のヘラクリウスがコンスタンティノポリスへと攻め上りフォカスを皇帝の座から引きずり降ろし、新皇帝となった。その後彼とその子孫は、四世代にわたって東ローマ帝国に君臨した。血で血を争う荒っぽい皇帝選びはしばらくの間はともかく休戦となり、ローマ帝国につかの間の平和が訪れた。

この新皇帝もまた懲りもせず快楽に走ったようである。だが、隣国ペルシアがそのような無精で怠惰な新皇帝の生活を長くは許してくれなかった。ペルシアが東ローマ帝国に戦争回避のための多額の貢納金を要求してきたからだ。すぐに戦うことは困難とみたヘラクリウス帝（在位六一〇〜六四一）は、戦争準備のためにこの屈辱的な条件を受け入れている。だが、東ローマ帝国の金庫に十分な貯えがあるはずもなく、属州や教会から資金をかき集め、ペルシア遠征を試みた。

ただし、ヘラクリウス帝は戦さ上手であったようで、屈強なペルシア軍に対して善戦した。この背景には、ペルシア王国内部の内紛や長期間の遠征によるペルシア軍そのものの疲弊があり、これらの要因に助けられた部分も多くあったといわれている。

ペルシアとの長期間にわたる軍事対立に勝利を収めたヘラクリウス帝は、ローマ帝国の民衆にとって英雄に見えたことだろう。だが、属州や教会からの借金の返済に帝国は苦しむことになる。特に問題だったのは、長期間にわたる戦役で疲弊したのがローマ帝国下の貧しい地域であったことである。ギボンはこの点を決して見逃してはない。

「これらの強欲な債権者を満足させる恒久的な財源が必要になった。かくてペルシア軍の武器と強欲によって荒廃の極に達した諸属州は同じ税金の再度の支払を強制され……この長期の消耗戦で生み出された技術、農業、人口の衰退であった。勝利の軍隊は確かにヘラクリウスの軍旗のもとで編成されたが、不相応な奮闘は彼らの実力の淘冶とは逆に、その消耗を結果したように思われる。」

世の乱れは決して戦争での勝利によって終るものではなく、そうした戦争を支えた地域の経済力の低下とその後の過酷な税負担によって第二幕が切って落とされるのである。繰り返すまでもなく、組織は外敵ではなく、内なる敵によって崩壊するのである。

組織の衰退と自壊

ヘラクリウス帝下の東ローマ帝国史の記述の行間から、ギボンの溜息と苛立ちがはるかな時間を超えて伝わってくる。ギボンは「彼らの治世の幸不幸の首尾を忠実に記述してきた。帝国の衰亡の五世紀間はすでに経過したが、私の著述の最終点であるトルコ軍によるコンスタンティノポリス占領までは、八百年を超える年月がまだ残っている。……次々に続く皇統の年代記は一足ごとに一層実りの乏しい憂鬱な作業を私に課すことになり、この種の年代記は退屈極まる衰弱と悲惨の千篇一律な物語の連続になるに違いない」と述べている。たしかに、その後、退屈な叙述が延々と続いている。

停滞し衰退する東ローマ帝国とその皇帝たちを記述するギボンの筆力はますます落ち、淡々となっているように感じられる。以降、帝国の支配地域は後退したものの、東ローマ帝国そのものは継続された。ローマ帝国も組織的には明らかに寿命があった。だが、真の意味での「衰退」と、惰性としての「継続」とを峻別すれば、どちらをもってローマ帝国の深刻な「衰退」とみなすべきだろうか。

皇帝の継承をめぐる血生臭いドラマが、平安な時が過ぎたあとに、必ずといっていいほど定番の内紛劇というかたちで繰り返された。皇帝や皇后の偏愛で皇帝となった息子たちが悲劇の主人公となったことは、それ以前の歴史とさほど異なったわけでもなかったのである。

こうした乱世ともなれば、「帝位の獲得の見通しは覇気に富むすべての風雲児を燃え立たせ、天下取りを欲する無数の実力者の競争を生み出して当然であろう」とギボンはいう。この指摘は至極もっともなものであった。そして皇位を手中にした者は、その地位の世襲を望むものである。しかし、厳しい競争の中を勝ち抜いてきた初代の精神が次世代に継承され、世襲を継続させる保証はなく、やがて皇位をめぐる対立がいつもながらに表面化していった。

そうした抗争と世襲の結果、多くの者たち——当時だけではなく、現在も——が首をかしげたくなるような人物も皇位に昇った。政治などの混乱期とはそういうものなのだろうか。ギボンは、コンスタンティヌス十一世ドゥカス（在位一〇五九～六七）をそのような人物として描いている。

「もしも実際にコンスタンティヌス十一世が帝国の最も有能な臣民であったとすれば、われわれは彼を選んだ国民とその時代の堕落さ加減を憐れまねばならない。……彼の偉大さを作り上げた人々の愛国的な無頓着を見習うどころか、ドゥカスはひたすら国家の費用によって自分の子供たちの権力と繁栄の強化に血道を挙げた。」

ドゥカス帝という人物は公私混同の達人であったようだ。選ぶ方の堕落さ加減のひどさもあるが、選ばれた者の堕落さ加減もひどかったのである。

ローマ帝国の歴史をここでいま一度ふりかえっておくと、それは西ローマ帝国と東ローマ帝国とに分離し再統一されたものの、やがて両国に再度分離された。その後、西ローマ帝国は様々な王国に分裂し、いまの欧州諸国の原型を形成することになる。

ローマ帝国の首都として栄えたローマは八世紀にはかつての古代都市のような規模にまで縮小し、小ぶりのローマ共和国となった。そこでは形式的な政治制度として元老院などは復活したが、かつてのローマ帝国の栄光は望むべくもなかった。ローマはかつてのローマ帝国の首都ではなく、宗教都市のようになってしまっていた。ギボンの筆で紹介しておこう。

「ローマの元老院と民会の形式は復活したが、その精神は消滅し、彼らの新しい独立は放恣と抑圧の間の騒々しい抗争に汚染された。法の欠如は宗教の感化力によってのみ補塡され、彼らの内外の政策は教皇の権威で指導された。教皇の喜捨、彼の説教や西方世界の国王や高僧たちとの彼の文通、彼の最近の尽力への彼らの恩義と宣誓等々はローマ市民に、教皇はこの年の最高の為政者ないし君主であるとの見方を植えつけた。」

そこにはかつてのローマ帝国の繁栄した姿などはもうなかった。ランゴバルド族はローマの北に王国を建設し、宗教都市化したローマ共和国はランゴバルド族の大きな武力的圧迫をつねに受けることになった。また、ローマ帝国が東西に分離し、それぞれが異なった歴史を歩んだことで、言語や風俗などもまた異なるものとなっていった。

八世紀になると、フランク王国のシャルルマーニュがランゴバルド族などを討って、ローマ教皇から西ローマ皇帝の冠を受けている。さらに、一〇世紀になり、ザクセンのオットー大帝（一世）がアルプスを越え、イタリアを制圧し、教皇を解放した。かつての西ローマ帝国は神聖ローマ帝国と呼ばれるようになった。ザクセンのオットーがローマ教皇から帝冠を受け、初代皇帝となったのである。以後、ドイツ王は即位すると、ローマで戴冠を受け神聖ローマ帝国の皇帝を兼任した。他方、東ローマ帝国はなんとか命脈を保っていた。

ギボンはこのようなかたちでのローマ帝国の「再興」について、「教皇や民衆は、以前失われていた属州をシャルルマーニュやオットーに付与した訳ではない。それらは武運の成果として彼らが獲得したものであった。だがローマ人は自分たちの主人公を選ぶ自由を自発的に行使し、その結果かつて名誉顕官に委任されていた権力は西方のフランクとザクセンの両皇帝の手に最終的に譲渡された」と淡々と記している。西ローマ帝国はもはやローマ市民のものではなくなったのである。

旧ローマ帝国が分割されてできた王国は、大きさからいえば小組織であったが、それでもその王たちは組織の維持に苦悶していた。ドイツ人皇帝といえども、その王国の維持には莫大な収入を必要とした。小国が林立したようなドイツでは、自国を護るために士気の高い軍隊が必要でもあり、この維持もまた容易なことではなかった。

ローマ帝国という大組織がまがりなりにも維持されていたことは、条件が整備されていたからにほかならない。小国を維持するのにもあたふたとしたドイツ国王たちは、改めて大国であったローマ帝国の偉大さに思いを巡らしたはずである。ギボンもこの点に関してつぎのように述べている。

「およそ遠隔な国土や異国の民衆を、その意向と利益に反して服属させることほど、人間本性と理性に逆らった行為はない。蛮族民が奔流の如く地上を通過しようとも、広大な帝国は政策と抑圧の精妙な体制によって支持されねばならない。そのためには中心に迅速に発動され対処の知恵を潤沢に有する絶対権力が、そして辺境地域との素早い容易な通信、反乱の最初の動きを阻止する防塞、保護と処罰を実行する正規の行政組織、不満を醸成せずに恐怖を吹き込む規律正しい軍隊などが不可欠となる。」

ギボンのいうように、小さな国といえどもその組織づくりは容易でなかったことは、ドイツをみても明白であった。ドイツよりもイタリアの統治に熱心であった神聖ローマ帝国のフリードリッヒ二世――シチリア王を兼ねる――が在位三〇年で亡くなると、ドイツでは多くの君主が自らの領土を主張し、そこに司教たちも絡み合った。こうして利害関係が複雑に入り組むようになった末、ドイツに選帝候という制度が生みだされた。

ドイツ＝神聖ローマ帝国の皇帝を選出する権利を持つようになったのは、ボヘミア国王、ザクセン大公、ブランデンブルク辺境伯、ライン宮中伯に加え、マインツ、トリーア、ケルンの大司教たちだった。こうして選ばれた皇帝といえども、かつてのローマ帝国の皇帝たちとは格がまるで違うというのがギボンの見方でもある。ギボンはいう。

「われわれは十四世紀のドイツのローマ帝国がラインとドナウ両河の緑を除けば、もはやトラヤヌスやコンスタンティヌスの属州をただの一つも保持しなくなった状況に、この往昔との最も鮮やかな対照を見うると信ずる。彼らの影の薄い後継者はハプスブルク、ナッサウ、ルクセンブルク、シュヴァルツェンブルクの伯爵たちであった。……ドイツ皇帝は実際は国王たちの貴族団に選ばれた単なる一介の無能な行政官に過ぎず、彼は厳密に彼自身のものと呼びうる一つの村落も持ち合せなかった。彼の最良の大権は彼の指令によって召集される帝国元老院で進行を司会し提案する権限であって……」。

さらに、ギボンはボヘミア出身で、ドイツの国憲を定めた金印勅書を発布したカール四世と、ローマ帝国の皇帝にして連戦連勝の将であったアウグストゥス帝について、「このボヘミア人が自らの非力を自己顕示の仮面で隠蔽したのに対し、ローマ人アウグストゥスは自己の実力を謙抑の外見で偽装した」と比較したうえで、アウグストゥスについてつぎのように描いた。よくできる人物ほど謙虚であるということなのか。

「自分を国家の下僕にして同僚市民たちの仲間として世間に触れ込み、ローマとその属州すべてを征服した身で敢えて監察官、執政官、護民官という法制上は平民的称号を名乗った。彼の意志はそのまま人類の法であったのに、彼はこれらの法令の布告に際して元老院と民衆の声を藉り、自分は彼らの指示によって共和国の行政の一時的な委任を主人として受け入れ更新するという体裁を取った。アウグストゥスは彼の衣装や彼の家事使用人の数や、彼の称号その他社会生活上のすべての職務においてもローマの一私人たる役柄を保持し、彼の最も巧妙な阿諛者たちも彼の恒久的な絶対君主制の秘訣を尊重した。」

ギボンは歴代皇帝を褒めることは少なかったが、ローマ帝国の初代皇帝としてローマ帝国の黄金時代を築いたこの人物だけは、大きく評価したのである。ギボンにとって、理想の君主像にきわめて近かった人物こそアウグストゥス帝であった。

アウグストゥスの大ファンであったギボンには、神聖ローマ帝国の皇帝を名乗ったドイツ人カール四世などは、せいぜい小さな村の村長が務まる程度の、一介の無能な行政官として映っていたのである。

組織と内憂と外患

東ローマ帝国のその後の運命である。東ローマ帝国もまた内憂外患の問題を抱えていた。内憂はあとでふれることにして、その外患は隣国ペルシアの旺盛な拡張主義であった。ギボンは「マホメットのメッカ脱出後四十六年にして彼の信徒たちは、コンスタンティノポリスの城壁下に武装した姿を現した。歴代カエサルの都市を最初に包囲した軍隊には彼らの罪が許される、との真偽は不明ながら預言者の言葉で彼らは勢いづいた」と描いている。

もっとも、東ローマ帝国の首都コンスタンティノポリスはそうした場合の籠城に備えて、十分な量の食料を備蓄し、何度にもわたり強固な城壁を整備し続けていたのである。このため、東ローマ帝国に攻め込もうとしたペルシア軍の攻撃は何度も挫折してきた。その後も、ペルシアの兵士たちが東ローマ帝国のこの首都を取り囲んだが、その堅固な守りに阻まれた。コンスタンティノポリスが大きな岐路に立たされるのは、トルコ人によるエルサレム征服後のことであった。

ところで、イスラム教徒によるエルサレム占拠に異を唱えたキリスト教徒が第一回の十字軍を組織したのは、一一世紀末のことであった。この種の宗教的正義は、異教徒にとってはともかく、同一宗教に属する人びとにとっては決して一枚岩ではなかったし、また、遠征において異なる正義と利害をもたらすものであった。要するに、正義が高貴なものであっても、その背後にある動機はきわめて世俗的なものであったのである。ギボンもいう。

「聖墳墓めざして進発した首領や兵士について私は、彼らが例外なく熱狂の精神、勲功の信念、報酬の希望そして天佑への確信に促されたと敢えて断言する。しかし同時に私は、多くの人間にとってこれが決して唯一の動機でなく、一部の者には行動の主要な原理ですらなかったとも、同様に断言できる。」

つまり、十字軍への参加は戒律の厳しい僧院にあった修道士たちにとっては、現在の気安いパック旅行とまではいえないまでも、解放と息抜きであり、多額の債務を背負った者にとっては債権者の厳しい取り立てから逃れられる機会であった。また、それは略奪という荒っぽいビジネスによって一攫千金を狙った、ならず者や商人たちにとっては、またとない大金を手にできるビジネスチャンスであった。

司教会議で巡礼団出発の日取りが決められた。だが、実際には、それ以前に我先に男女数万人の民衆が出発していたのである。この巡礼団の最初の犠牲者となったのはエルサレムのイスラム教徒ではなく、モーゼル河とライン河沿いに定住していたユダヤ人たちのグループであった。数万人のユダヤ人が略奪と虐殺の犠牲になったといわれる。

そこから、十字軍の集結地となるコンスタンティノポリスまではかなりの距離があった。十分な食料も持たず間に合わせで出発した十字軍兵士や巡礼団などは、通り道の住人にとってはただの強盗や略奪団であった。迎え撃つトルコ軍にとっては烏合の衆であった。

ギボンはそうした現状について、「第一回十字軍の兵士の中で三十万人が、異教徒の手からただ一つの都市を奪回するより前に、そして彼らの一層本格的で高貴な同胞が彼らの企図の準備を完了する以前に、早くとも戦場の露と消えた」と述べているが、その通りであったろう。彼らはあまりにも無計画で無鉄砲な巡礼団でもあった。

群衆の先走りともいえる巡礼団の熱気に巻き込まれるようにして、やがて欧州諸侯たちも重い腰を上げ巡礼団の後を追うことになる。といっても、家族なども同行したことで、家財や食料などの搬送は大変な負担になり、一日の行軍距離もわずかであった。一行は一路コンスタンティノポリスを目指して出発して、そこからトルコ軍との戦いの準備を整えるということになった。

だが、かつて、いがみ合った各部族の混成部隊が聖地エレサレム奪還という共通目標を掲げても、統制された軍事行動などとれるはずもなかったのである。互いに煽り合った宗教的熱狂に浮かされ、思い思いに動くような軍隊は軍隊とはいえなかったのだ。

ギボンは「この暴力で敢行され無知によって記憶された彼らの盲目的な業績の、退屈で一律な物語を端折る」ことにしたと述べている割には、各地で展開した十字軍兵士の実情についてはそれなりに紹介している。ギボンのローマ帝国史は発表当時、巡礼団や十字軍の実情にふれたことで、キリスト教会から決して暖かい支持を受けなかった。その理由はつぎのギボンの叙述からも容易に理解できるだろう。

「思弁的な理論家はさぞや彼らの信仰心がその実践に深い真面目な影響を及ぼし、これら聖墳墓の解放者たる十字架兵士は殉教を毎日覚悟してそのために質素で有徳な生き方を心がけた、と想像するだろう。経験はこの好意的な幻想を吹き飛ばす。そもそもこのアンティオキアの城下で見せつけられた放埒と売淫に匹敵する状景は、世俗的な戦争の歴史においてさえ他に例がない。」

とはいえ、寄せ集めの十字軍は多くの犠牲を生みだしながらも、エルサレムに進軍し、なんとかエルサレムを占拠した。ギボンはその様子を「ウマル（イスラムの第二代正統カリフ〔指導者〕のことを指す―引用者注）の征服後約四百六十年にして、この聖なる都市はマホメットの軛から解放された。冒険家たちは公私の財宝の略奪に際して最初の取得者の排他的権利の尊重の点で合意していて、大モスクの戦利品たる七十基の金銀製の燭台や大型の壺がタンクレードの精励に報い、彼の気前よさをみせつけた。……彼らは三日間の無差別な虐殺に憂き身をやつしたが、死体の汚染がやがて疫病の蔓延を生み出した」と描いている。

この第一回十字軍によって、エルサレム王国やエデッサ公国などが創設されることになった。結局のところ、その後、聖地エルサレムをめざした十字軍は八回にも及ぶことになる。第二回目はフランス国王や神聖ローマ帝国皇帝がダマスカスを攻略しようとしたが、失敗している。第三回目はイスラム側のエルサレム再占領に対して、英独仏の君主がそれまでの内陸遠征での苦難と危険を避け、海路によって軍を進めた。

だが、彼らはアッカー（アッコ）――エレサレムから一一〇キロメートルほど離れた地――で臨時首都としてエルサレムを再建したにすぎなかった。犠牲者はトルコ軍との直接交戦だけで生じたわけではなかった。それ以上に、飢餓と疫病によって多くの人命が失われたのだ。十字軍の「巡礼」とはそのようなものであった。

キリスト教の正義を掲げた十字軍であるが、ローマ皇帝はかつての「西方蛮族」たちがローマ帝国――ビザンティウム帝国――領内のギリシアなどを通過することに安閑としていたわけでなかった。ギボンは「ビザンティウム皇帝がもはやコニアの遥かなスルタンを恐れる必要がなくなるに及んで、彼らは帝国の威厳を侵害しその安全を危うくする西方蛮族民の自由な間断なき領内通過を一層純粋な憤怒で眺めるようになった」と、皇帝の心情を忖度してみせる。

第四回目の十字軍は行き先が聖地エルサレムではなかった。ベネチア商人の勧めでベネチアから出発し現在のハンガリーあたりや東ローマ帝国を攻略し、コンスタンティノポリスを占領したのである。ギボンはコンスタンティノポリス占拠について「ギリシア人はこのたびの侵攻によって九世紀間に及ぶ夢想、つまりローマ帝国の首都は外国の武器に対して難攻不落であるとの空虚な思い上りから覚醒した。今や現実に西洋の異邦人がコンスタンティヌスの都市を占領して、その王笏を授けるに至った」と記している。

西から来たラテン人たちによる首都の占領がギリシア人に動揺と屈辱を与えるなかで、拡がった劫火はコンスタンティノポリスの中心を嘗め尽くし、ギリシア人とラテン人との戦闘を拡大させる結果となった。コンスタンティヌスの名に由来する首都の名前をもちローマの称号を冠する帝国は、ラテン人巡礼者の武器によって転覆されたのである。ギボンはこの惨状をつぎのように述べる。

「一見したところコンスタンティノポリスの富は一つの民族から他の民族へ移転されただけで、ギリシア人の損失と悲嘆はラテン人の歓喜と利得で正確に帳消しにされたように思われるかも知れない。だが戦争の悲惨な収支勘定において利益は損失と、そして歓喜は苦痛と決して釣り合わない。ラテン人の微笑が上辺だけの一過性であったに反してギリシア人は祖国の破滅に永久に泣き崩れ、彼らの実際の損害は聖物破壊と嘲弄で一層苦痛になった。」

ラテン人、すなわち、フランス人とベネチア人はそれぞれの民族から六人ずつの選挙人を指名し、その多数決で占領した東ローマ帝国の皇帝を選ぶことに同意した。

新たに選ばれた皇帝には東ローマ帝国――ビゼンティウム――にかかわる称号と大権を与え、宮殿地区とギリシア王領の四分の一ほどの領土が割り当てられた。残る領土はベネチア共和国とフランスの貴族たちのなかで分割され、その領主たちは形式的に皇帝の臣下――多分に不満だったろうが――となった。

こうして選ばれたボードワン皇帝（在位一二〇四〜〇五）は、やがてブルガリア王と戦火を交えることになる。不幸なことにボードワン皇帝は捉えられ獄死する。皇帝亡き後、一年間ほど摂政職が置かれ、さらに一年間の皇帝空位のあと、摂政が皇帝となり、ブルガリア王の野望を葬り去った。ギボンはこの後に皇帝として登場した人物たちを好意的には描いてはいない。

ラテン人による東ローマ帝国に不満を抱いていたのはブルガリア王だけではなく、ギリシア人も同様であった。いやそれ以上の不満をためていたのである。ギリシア側の巻き返しによって、コンスタンティノポリスはギリシア側に奪還される。

ギリシア人の攻撃に不意を襲われ逃げ出した皇帝について、ギボンは「見捨てて口惜しがるどころか逆に清々したはずの自分の首都の防衛に剣を抜く気持を起こさせなかった。彼は王宮から海岸へ逃走して、そこにダフヌシアへの無意味で不毛な攻撃から帰って来た船団を幸便に発見した。コンスタンティノポリスは決定的に失われた〔一二六一年〕。しかしこのラテン人皇帝とその主要な家族は、ヴェネチアのガリー船に乗り込んで」と描いた。皇帝職は彼の息子へと継承されたが、やがて栄光のコンスタンティノポリス皇帝という名称と実質は「人知れず沈黙と忘却の中に消滅」することになる。

他方、ギリシア皇帝のコンスタンティノポリスは内憂外患に揺れつづけることになる。その原因の大半はギリシア帝国内の内戦にあり、時の経過とともに、領土は細かく分割統治され、やがてオスマントルコの勃興という外患を招くことになる。やはり、組織とは外部の敵によって滅されるのではなく、内部対立によって容易に滅ぶものであるようだ。

さて、その後の十字軍である。第五回目はフランスの騎士軍が張り切った。フランス騎士軍はトルコ軍などによって征服されていたエジプトをも攻略しようとした。だが、彼らはあえなく敗退し全軍捕虜となっている。第六回目は神聖ローマ帝国皇帝が停戦交渉でエレサレムを回復させたが、トルコ側に再度占拠されている。

第七回目はフランス王が再度エジプト遠征を試みた。結局のところ、飢餓と疫病が蔓延するなかでアラブ人部隊に取り囲まれ捕虜になり、金貨などを支払ってようやく解放されている。

第八回目は前回の敗北にも懲りず、フランス王が再々度出征したが、アフリカ海岸で病没した。その後、十字軍が創建したアッカーも陥落し、聖地諸国は消えた。一四世紀に入っても十字軍は組織されたが、強国となったオスマントルコがこれを跳ね返している。

オスマン帝国は、オスマンと名乗る人物が一三世紀末にそれまで分裂していたトルコの小国を統一したことで国力を強化した。先に述べたように十字軍を打ち破り東ローマ帝国——ビザンチン帝国——を併合し、バルカン半島やペルシア、エジプトまで勢力を拡大し地中海の制海権まで握るような強国となった。

オスマン帝国がコンスタンティノポリスを包囲したのは一四五三年のことであった。ギボンはこの光景を「オスマン砲兵隊は戦列やガリー船や浮き突堤からの一斉砲撃を開始し、軍営と都市、ギリシア兵とトルコ兵はローマ帝国の最終的な解放か滅亡かの局面で初めて晴れると思われる黒煙の雲に無差別に包まれた。……しかし全面総攻撃という千篇一律な忌わしい光景にあっては、すべては流血、恐怖、混乱であって、私はそれ故にいまここに三世紀間と千マイルの距離を隔てて、そもそも誰一人として観客でありえず、そして当事者たち自身もいかなる的確精密な観念を持ちえなかった状況を無理に描き出そうとも思わない」と描いている。

トルコ軍による包囲五三日目にして、最後の皇帝コンスタンティヌス——皇帝パラエログス帝（在位一四四九〜五三）——は、帝位を示すマントを脱ぎ捨て、一兵士として多勢のトルコ軍のなかに切り込み、無名の兵士の手にかかり落命した、といわれる。だが、その最期はよくわからない。その後の帝国首都の様子について、ギボンはいう。

「大きな都市の陥落と掠奪を記述する歴史家は、必ずや紋切り型の災難話を繰り返すべく運命づけられる。同じ激情からは必ず同じ結果が産み出され、そしてこの種の激情が野放図に放任される場合の文明人と野蛮人との差異は、悲しいかな、誠に小さい。」

トルコ王メフメット——マホメッド二世——はコンスタンティノポリスをしばらくの間遺棄しておいたが、やがてこの地の利をもつ都市をオスマン帝国の首都に定めた。その後、この地はオスマン帝国の文化の下で繁栄していくことになる。

さて、ギボンはローマの神殿の廃墟に立った時にローマ帝国の衰亡史を書くことを思いつき、その生涯のうちの二〇年近くを史料の渉猟と執筆に費やした、と自ら記している。まあ、これが真実かどうかはわからない。だが、少なくとも、心情的にはそうであったことは間違いない。中途半端ではない時間が若いころから費やされたのである。

ギボンはこの浩瀚な書を閉じるにあたって、自らの力量不足――彼のラテン語やギリシア語の能力は素晴らしいものであったのだが――を痛感したことを謙虚に述べ、ローマ帝国の衰亡をもたらした要因が多様なものであったことを再確認して、後世の読者のさらなる探訪に期待を寄せるように筆を置いている。その日付は一七八七年六月二七日、場所はスイスのローザンヌとなっている。

その時点から二世紀の時をこえて、ギボンが描いたローマ帝国という組織に関わるさまざまな歴史は、現代に生きるわたしたちに改めて人と組織との関わりと、人と組織の本質について考えさせる刺激を与えてくれる。

その意味で、どこを読んでも、古いローマの時代ではなく、わたしたちの眼前にある今を感じさせてくれる書物なのである。政治家だけではなく、大企業など巨大な組織のトップに立つ者などに読み継がれてきたわけである。

第四章　組織と継承の間

今やわれわれは、打ちつづく太平の世の災いに苦しんでいる。武器よりもなお残忍な、贅沢という病が人々の中に住み、（武器に）征服された世界に敵討ちをしているのだ。

（ユウェナリス『風刺詩』より）

組織と継承者たち

『ローマ帝国衰亡史』の背景にあったギボン自身の執筆の動機や意図を離れて、ローマ帝国の衰亡は現在に生きるわたしたちにさらに多くの解釈を生みだしている。すでに前章までに種々紹介したようにローマ帝国衰亡の原因は多様であり、単一の原因によってすべてが説明されうるはずはない。

だが、ギボンはローマ帝国の運命はその巨大性ゆえに、衰退が自然かつ不可避な運命であり、それはあたかも巨大な建造物がその自重に耐えかねて徐々に地盤沈下していったようなものと指摘している。ローマ帝国に生活する人びとは平和と繁栄を享受した。だが、ローマ帝国を徐々に蝕んでいった「贅沢」――それは奴隷たちなどによって支えられていたのだが――という病に気づかなかったのである。なにか、生活習慣病のような感じである。

人びとは日々の生活のなかで直接的に内部崩壊の危機感をもたなかったのかもしれない。蛮族による攻略は内部的崩壊によっていまや崩れようとしていたローマ帝国へ最後の一押となったというギボンの指摘は、企業の盛衰やマネジメント、さらには経営学に興味をもつ現代人にとって、米国の自動車メーカーのGMの衰退と重なるのである。あるいは、米国金融業界に君臨したリーマンブラザースの凋落と行き詰まりを思い浮かべる人たちもいることだろう。

かつてローマ帝国は、現在の欧州やアフリカ北部の「世界」に君臨した。自動車業界の「世界」では、長期間にわたってGM「帝国」が君臨した。多くの人たちにとって、それはローマ帝国の運命に重なって映るのである。実際、GM「帝国」が「属州」の自動車メーカーの追い上げによって倒産し、国有化された記憶がわたしたちにはきわめて鮮明である。過去においてローマ帝国史などが話題となった背景には、ある種のサイクルが明らかに存在しているのではあるまいか。

米国人ジャーナリスのホルスタインは『なぜGMが問題なのか』(邦訳『GMの言い分―何が巨大組織を追い詰めたのか―』)で、GM衰退の原因を探っている。ホルスタインはGMという巨大化した組織の真の敵は外部のライバルなどではなく、むしろ内なる巨大組織そのものにあったことを繰り返し論証している。ホルスタインの指摘は、ギボンの組織論と見事なまでに重なっている。

いまさら強調するまでもなく、GM帝国もまたローマ帝国と同様に小さな組織から創始された。創業者は馬車製造業者であったウィリアム・デュラン（一八六一〜一九四七）で、濫立していた同業者たちを苦労の末、一社にまとめあげた。GMはこうして一九〇八年に設立された。ローマ帝国の版図拡大が周辺国の統合から始まったように、GMもまたアッセンブリー業者だけでなく、関連部品業者を買収しつつその版図——市場での販売シェアー——の拡大を続けた。

GMも順風満帆で成長を遂げつづけたわけではなかった。一九二〇年代には大不況に苦しみ、創業者であったにもかかわらず、デュランはGMを追われ、ボーリング場の経営者となっている。デュランの後を継いだのが、アルフレッド・スローン（一八七五〜一九六六）で、彼は、フォードの単一車種大量生産に対抗するために、車種別ブランド戦略を推し進めることになる。

フォードに対抗した戦略が功を奏して、GMは市場での販売シェアーを伸ばし続け、世界の自動車産業を主導する「帝国」となっていった。だが、巨大化した組織となったGMにもまた衰退の陰が忍び寄っていた。ホルスタインはそうした変化に経営陣はすでに気づいていたという証言を数多く紹介している。

GMの経営陣は、トヨタなどの外国企業がじりじりと背後に迫り、自社の高コスト体質などを早急に改善する必要性を感じていたものの、巨大な組織ゆえに変革できない苛立ちをもっていたのである。それはマンモスタンカーが眼前の岩礁をさけるため舵を切るには、相当早い時期に岩礁を見つける必要があるのと同様である。そうでなければ、方向転換にかなりの時間を要するために、岩礁を避けることが困難になるのである。小型ヨットでは数秒で可能であっても、巨大船であるゆえに方向転換にはかなりの時間を要するのである。

ホルスタインは二〇〇三年にGMのトップになったリチャード（リック）・ワゴナー（一九五三〜）――一九七七年入社、ハーバード大学のMBA取得者である――のかつての経営陣たちについてのつぎのような発言を紹介している。

「われわれの伝統はブランドを個別化することだ。……シボレーはそれ自体がそこそこの統一された自動車メーカーであった。ポンティアックも、そしてビュイックもだ。彼らの名誉のために言うが、私は七〇年代後半から八〇年代初めのリーダーたちは変革が必要であることに気付いていたのだ。ただ、五〇年もの歴史を変えるのはあまりに難しかったのだ。」

GMの経営陣もマンモスタンカーのブリッジに立つ船長や航海士のように迫りくる危機にいち早く気づき、ブリッジ――本社オフィス――から方向転換の指示をしきりに出していた。だが、実際にエンジンを減速しつつ、操舵するのは船長ではないのである。GMの場合も同様で、設計者や現場の作業者などへの徹底した意識改革の働きかけなくしては、高コスト体質の是正などすぐにできるはずもない。

GMもトヨタのマネジメント――ゴート族の戦い方といわないまでも――に関心を示している。実際、GMとトヨタの合弁事業もカリフォルニア州でスタートした。GM幹部たちはトヨタの生産コストや生産システムに関して知見を深めるにつれ、GMという巨大組織がトヨタの低コスト体制に対応しえないことに気づくことになる。

ホルスタインは、一九九二年にトップとなりこの問題に取り組んだジャック・スミス——一九八〇年代にトップを勤めたロジャー・スミスのあとの後継者が二年ほどで退任した後に、二〇〇一年に就任——が直面した経営課題について、国と企業は異なるが、それでも巨大組織ということで中国や旧ロシアが当面した課題などと比較してつぎのように紹介している。

「スミスは世界中の部署が同じ部品、プロセス、そしてシステムを使うように作業を統合し始め、皆が間違いなく同じボールベアリングを同じ値段で購入するようにしたかったのだ。この改革は毛沢東やウラジミール・レーニンが古い社会体制を壊し、新しい体制を築こうとしたことに等しかったが、当時GMの内部外部を問わずそのことに気付いた人は少なかった。これがGMのトヨタ対策の始まりだったが、最低でも一〇年は遅れを取っていた。」

もっとも、GM帝国は連邦倒産法の適用によって国有化され、その後、新生GMに売却されたとはいえ、滅亡——倒産解体——したわけではないし、従来と異なったかたちで大いに復活するかもしれない。逆に、トヨタがグローバル化した大組織となったゆえにGM以上の課題を抱え込み衰亡する可能性も高いのである。ホルスタインもまたそのように考えているようだ。この点については、次章で再度取り上げる。

ところで、明治時代にギボンの書物が読まれた背景には、開国した日本の行く末と欧州列強諸国の歴史的背景を知ろうという憂国の感情があった。他方、最近、とりわけ、一九八〇年代以降のローマ史への世界的関心の高まりは東西冷戦が崩れたことに加え、かつてのローマ帝国の版図のように欧州諸国が欧州連合（ＥＵ）というかたちに再統合されたことが大きな影響をもったことは自明であろう。また、二〇世紀は米国の世紀といわれたものの、二一世紀になり、米国経済の衰退と中国の台頭という構図のなかで、多くの人たちが各国の将来像への不安を抱き、遠くローマ帝国の歴史に思いをはせたのである。

組織はいつの時代にあっても、最初から安定的なものではない。それは時間をかけ形成され、何人かの優れた指導者の下で安定化し、そのかたちが整えられる。だが、そうした組織の原初的形態はやがて頂点を迎え、その時間的継続性は必ずしも保証されるものではない。少なくとも、ローマ帝国とその皇帝史はそれを如実に物語っているのではあるまいか。

ローマ帝国史は、ＧＭという巨大な会社組織からわたしたちに身近な同族的経営の中小企業の経営者のあり方まで、とりわけその継承人事がいかに困難なものであるかを示唆している。ローマ帝国が偉大な皇帝からつぎの偉大な皇帝へと継承されることが全く保証されなかったのと同様に、企業もまた偉大な経営者から偉大な経営者へと継承されることはそう多くはないのではないかと、わたしたちは思わざるを得ない。

ローマ帝国はその独裁的権力を手中にした皇帝たちによって維持された。賢帝たちは決して独裁権を乱用したわけではなかった。だが、賢帝たちの継承者たちがその独裁的権力を慎重かつ公正に保持するに足る能力と人格の持ち主であったとは必ずしもいえなかったのである。

ローマ帝国皇帝の選出方法に多くの問題があったのは間違いがない。わたしたちが大いに首をかしげたくなるような人物たちも皇帝になっている。たとえば、暴君ネロ（在位五四～六八）あたりはその暴君ぶりだけが現在に伝わっている。

他の皇帝たちについても例示しておこう。ギボンはコンモドゥス帝（在位一七六～一九二）について、ローマ帝国皇帝のなかで知的快楽への趣味を完全に欠いた最初の最悪級の人物として描いている。円形闘技場での剣闘士の戦いや猛獣闘技を好んだコンモドゥスはネロのように自殺に追い込まれたのではなく、側近に毒を盛られて刺殺された。

セウェルス帝（在位一九三～二一一）が在位中にその帝位を分割して継承させた二人の息子たち、カラカラ（在位一九八～二一七）とゲタ（在位二〇九～二一二）もコンモドゥス帝に負けず劣らず性格的にも才能的にも一国を代表するにはあまりにもお粗末な人物であった。彼らが互いを仇敵視し、ローマ帝国を疲弊させ、その寿命を縮めさせたことは間違いない。

この時期、ローマ帝国においては、まるで皇帝の地位が競売にかけられたように、あるいは、金権選挙で買収の金が飛び交うようにしてつぎなる皇帝が選ばれ、いずれも軍の横やりで短命に終わっている。ローマ帝国は暴力の時代へと移っていった。暴力の時代の下では、軍を支配する者、とりわけ近衛隊の幹部が全軍の長に等置され、政治、財政にまで影響を及ぼし、あたかも皇帝の代理人とし振る舞うようになっていった。こうした光景はまた日本の第二次世界大戦下の翼賛選挙とその帰結を思い起こさせるのである。

アウグストゥス帝のように、どんな素晴らしい指導者に率いられた組織であろうと、組織とはその後継者が組織の存立目的と将来像を示すビジョンなどを示すことができなければ、きわめて脆いものである。

組織の保守と革新

暴君コンモドゥス帝は消え去ったが、彼が残した負の遺産が容易に消え去ることはなかった。一代の害毒は一代の間に解毒されるはずもなく、放射能のように次世代にも残存しつづけるのである。軍の規律は緩み、国庫はコンモドゥスの気前の良い浪費で枯れ果て、人心は乱れていった。

後継帝にだれがなろうが、新帝はそのような状況をもはや放置できない状況がきていた。軍の思惑で長老の元老院議員で、いまでいえばローマ市長であったペネルティナクス（在位一九三）が次なる皇帝として担がれた。この人物は割合と気骨があったようで、軍の横やりにもかかわらず、ローマ帝国という組織の改革に本気で乗り出し、巨額化していた帝室費の削減に大なたを振るった。また、ペネルティナクスは前帝の取り巻き連中の蓄財を国庫へ返還させ、農民たちには地租軽減などを実行した。

さらに、ペネルティナクス帝は改革の本丸ともいうべき軍の改革に着手しようとした。当然、軍の猛烈な反発を招くことになる。それは、まるで時を超えて日本などの公務員改革の挫折を示唆しているようでもある。すでに政治力をたっぷりと貯えていた近衛隊の幹部たちは、野球で先発投手を早々と下ろしマウンドに救援投手を送り込むようにして、ペネルティナクス帝を殺害し皇帝の地位から九〇日に満たずに引きずり下ろした。今度は軍の幹部連中は、自分たちの意のままになると踏んだユリアーヌス（在位一九三）を皇帝に送り込んだ。

ペネルティナクス帝の性急な改革意欲は、彼の年齢にも関連したのであろう。ペネルティナクスのような熟達した年齢者は、その残りの生命の短さに焦ったのである。いずれにせよ、ペネルティナクス帝の性急な改革は彼の死とともに頓挫した。

他方、これよりおよそ一世紀年後に皇帝となり、ローマ帝国の改革を迫られたディオクレティアヌス（在位二八四～三〇五）は、若くもなく高齢でもないことが幸いした以上に、はやり政治家としての才能に恵まれたといってよい。

ディオクレティアヌス帝はローマの元老院議員の奴隷の下に生まれ、軍隊生活で頭角を現しただけに、軍隊組織と軍人というものの本質を知りぬいていた。彼は地方長官や宮廷の皇帝親衛隊の幹部を経て、周囲に推されるようにして皇帝へと登ったので、軍への睨みもきいた。何事にも準備の時——逆境も含め——が必要であり、満を持する時間もまた必要なのである。

ディオクレティアヌス帝は勇敢なる兵士として軍からの信頼が厚いだけではなく、彼一人でローマ帝国とその属州の政治と軍事を担うことの困難さについての十二分な認識があったにちがいない。彼の改革の中心はローマ帝国を分割して統治する政治体制づくりにあった。

ディオクレティアヌス帝は自己の巨大な権力を思い切って分割した。文字は読めないが、朴訥で武人として信頼しうる農民出身のマクシミアヌスを副帝（カエサル）——後に正帝（在位二八六～三〇五）——とし、イタリアとアフリカを統治させた。

さらに副帝コンスタンスティウスにはガリア、スペイン、ブリタニカを統治させ、副帝ガレリウスにはドナウ河沿岸の地を統治させ、自らはトラキア、エジプト、アジアなどを治めた。強大化した多国籍企業の統治——ガヴァナンス——体制に、事業部制や地域事業本部制といういわば分割統治制度を敷かざるを得なかったようなものだ。

ディオクレティアヌス帝は自分に対立することが予想される権力の分散を図り、それぞれに相応しいミッションとビジョンを与え、眼前の問題解決に彼らのエネルギーを振り向けさせたのである。彼には政治家としての器の大きさがそれなりにあったということであろう。

ディオクレティアヌス帝は、目立ちたがり屋の多い歴代皇帝の中にあって、一般民衆の前にそう多く自らの姿を露呈させてはいない。それが彼自身の冷静な計算であったかどうかわからないが、この戦略によって皇帝としての彼の権威と神格性が高まったことだけは確実であったろう。ディオクレティアヌス帝によるペルシャ宮廷の模倣もまた皇帝の神格性を高めた。彼はそのようなことに計算高い人物であったのだろう。やはりしたたかな政治家であった。

ディオクレティアヌス体制、すなわち、二人の正帝と副帝によるローマ帝国の分割統治体制は、ディオクレティアヌス自身にローマ帝国の生存戦略を考えさせる時間的かつ精神的余裕をもたせた。ローマ帝国をともかく存続させるには、蛮族への素早い軍事攻勢体制を構築し、帝国内部の抗争を抑制する必要があった。しかし、それは軍隊組織の規律強化と元老院の宮廷政治への私利私欲的干渉を排除することを前提としていたのである。

ディオクレティアヌスは先手を打つようなかたちで、皇帝警護の近衛隊の兵士数を削減し、忠実で信頼できるドナウ河地域出身の兵士を重用しようとした。と同時に、政治の中心地を従来のローマから皇帝が居住する地へと移した。こうして、元老院の政治力を奪ったのである。ローマ帝国の伝統ある共和政はディオクレティアヌスの専制政治によって葬り去られたのである。

しかし、このような大改革によるローマ帝国の繁栄も、システムとしてみればきわめて脆いものであった。ディオクレティアヌス自身は、改革に心を砕き、人びとの信頼もあったようである。それは賢帝ディオクレティアヌスの晩節を汚すことのなかった見事な引き際によっても明らかである。

彼のそうした潔い引き際が、ミラノに居住したもう一人の正帝マクシミアヌスに同時引退を促し、副帝たちの野心を砕かせたに違いない。それは、二正帝・二副帝の統治体制がその後において継承されなかったことからも明らかである。だが、賢帝ディオクレティアヌスの遺徳は、システムとしては必ずしも続かなかった。

まことに組織の維持・存続とは厄介で不確かなものである。組織の寿命が尽きようとしている事実と自覚が指導者のみならず、広く人びとのなかに共有されれば、一時しのぎのような改善は可能かもしれない。だが、根本的な改革を断行することは容易ではないのだ。

したがって、組織の改革をめぐる運動を単に派閥間の争いとしてとらえ、「保守派」――「守旧派」――と「改革派」とに大別しても、それは改革をめぐる政治力学の実際を正しく伝えてはいない。保守派や守旧派といえども、自分たちの守るべき価値観や利害を誰に、そして何に見出しているかによって、それぞれのグループのなかに明らかに保守派と改革派がさらに存在するのである。

と同時に、改革派といっても、何を問題視し、何を改革するのかによって、その内部にもまた保守派と改革派が存在しているのである。したがって、保守派の改革派と改革派の保守派が呉越同舟の動きをみせた例など、過去のローマ帝国の歴史のみならず、各国の政治史に実に豊富に見出すことができる。

ところで、政治学者の中西輝政は、『大英帝国衰亡史』で、大英帝国という大組織の改革をめぐる保守と革新の構図の複雑さを分析している。

ギボン自身が、彼の生きた時代以降に英国が大英帝国となり、やがてローマ帝国のようにその強大な版図を維持することが困難となり、衰退していった運命を予知していたかどうかはわたしにはわからない。もし、ギボンがその過程を知ることができた時代に生きていれば、おそらくローマ帝国と大英帝国の衰亡を重ね合わせたであろう。

大英帝国もまたローマ帝国と同様に、「帝国」として卓越した軍事力――とりわけ、海軍力――と広大な植民地――属国――をもち、その巨大な経済力――植民地支配からきていたのだが――によってその地位を維持していた。だが、これまたローマ帝国と同様に、米国やドイツなどかつての周辺国の勃興によって、その支配力は低下していった。そうしたなかで、かつての偉大な大英帝国の復活をめざす政治力学が英国内で展開していくのである。これもまたローマ帝国内の政治を彷彿とさせる。

中西もローマ帝国の興亡を強く意識して、「歴史上、多くの大国が衰退していったが、どの大国も、自らの衰退について気づかないまま、没落の日を迎えたものはなかった。それどころか、ほとんどの場合、迫り来る衰退の兆しに数々の『改革』策が繰り返し唱えられ、しばしば喧々囂々の大論争が行われ、しかもその果てに、結局は没落してゆくのである」と述べた上で、改革を困難とさせる要因をつぎのように三つ挙げている。

（一）　成功してきたシステムそのものの変革の困難性――「それまでの長い成功を支えてきたシス

テムを変えること、それ自体の難しさ……成熟した社会の構造が十重二十重に入り組んでいるから、当然のことながら既得権による抵抗も大きい」こと。

（二）何を改革するのかの曖昧性――「そもそも何を、どのようにして改革するかという点での難しさ……一つか二つの中心課題に集中すべきであったのに、あまりにも多くの『○○改革』といったプログラムを付け足したために、改革のエネルギーが分散されるとともに、一つの目標に向って一致結果すべき国内の社会において無用の敵対を作り出してしまう場合も多い」こと。

（三）「ゴルディアスの結び目」――一刀両断のような大胆な解決策を提示しにくいこと。

ここでいう「ゴルディアスの結び目」とは、古代フリュギア――現在のトルコ中西部――のゴルディアス王の戦車を引く棒に複雑かつしっかりと結びつけられていたロープの結び目のことで、それをうまく解く者に、アジア支配を委ねるとされた。アレクサンダー大王（前三五六～前三二三）がこの難問に取り組んだが、彼は結び目を解くのではなく、一刀両断の下に立ち切った。このことから難問などに対する大胆な改革案のことを示唆する表現となった。

さて、わたしが興味を持つのは、この三つの要因の背景に大英帝国の栄光を支えたとされてきた帝国イデオロギーへの人びとの信頼の揺らぎがあったとする、中西の見方である。かつて大英帝国で論議されてきたリベラリズムであるとか、保守主義とかのイデオロギーが大きく変化し、その内実がはっきりとしなくなったというのである。

つまり、大英帝国の世界における位置が大きく変化すれば、リベラリズムや保守主義もまたそれまでとは異なった文脈のなかで問われることになるのである。しかし、人は何かを信じることができれば生きていけるものである。それゆえに、人びとがかえってそうしたイデオロギーに固執するような逆説が浮上し、真の改革論議が忘れ去られるのである。この意味では、イデオロギーとはいつも相対的なものである。

むろん、ローマ皇帝の政治的発言もまたイデオロギーであり、その言質は状況に応じて変わる相対的なものである。それゆえに、絶対的価値観を主張するキリスト教がローマ帝国へと浸透していったとすれば、その背景もまた理解しやすくなる。

組織というのは、つねにそれを支えるイデオロギーを必要とするが、それが相対的である限り、何が保守的で何が革新的なのかという立場も相対的なのである。一時、企業の不祥事が相次いだ時に、「ガヴァナンス論」や「ステークホルダー論」と並んで「ミッションステーツメント論」が浮上したのもまた、そうした理由からである。

組織の改革と力学

組織を改革する上において、人びとが中身の空洞化したイデオロギー論に固執するほどやっかいなものはない。前述の「ゴルディアスの結び目」の話のように、従来のイデオロギーを一刀両断に断ち切れない精神の下では、改革などは容易ではないのである。
中西は『大英帝国衰亡史』で、それまで大英帝国を支えていた経済力の根源などが変化しつつあったにもかかわらず、変革に踏み込めなかった理由を「大国としてのイギリスの『特異さ』にあったように思われる」とつぎのように指摘する。

「その特異さとは、他のどの国の場合よりも精神的な要因が果した役割が大きく、それでいてその『イギリス精神』が複雑な特質をもつものであったことと無関係ではない。……イギリスの力による平和、『パクス・ブリタニカ』はもしかすれば、人類史における一つの奇跡であったといえるかもしれない。……そしてこのこと自体、『大国としてのイギリス』の本質が物質的要因ではなく、なんらかの意味で、その精神にあったことを示しているように思われる。」

それゆえに、あるいはその結果として、英国には、分不相応の軍事支出の連続的増大、大英帝国を支えた植民地の独立、米国の台頭等々の物質的要因の変化を認めようとする柔軟な精神がなく、かつての帝国意識によってつくられたイデオロギーとしての大国意識を容易に変えられなかったのである。イデオロギーにはつねに慣性がつきまとうものである。人はそれまでのイデオロギーを瞬時に捨て去って、明日から全く異なるイデオロギーを信じて生きていくことはむずかしい。大国でなくなっても、大国イデオロギーそのものがすぐに消え去るわけではないのである。
「ゴルディアスの結び目」を断ち切ったのが古代フリュギアの勇士たちではなく、アレクサンダー大王であったように、英国にとって、その役割を果たしたのは、英国の植民地であった米国であった。組織の改革といった場合、しばしば内部からの改革は改善であって決して改革ではなく、英国の場合がそうであったように、組織内力学によって改革の方向性そのものが拡散し、なかなか一つの方向に収束しないものである。

内部の関係者にとっては、改革への活発な動きを進めているように見えても、外部の者にとってそれはしばしば停滞的であり、やがて長期低落的となり、外部環境への不適合という条件変化によってある時期から一挙に崩落するようにして組織は行き詰っていく。それは水をせき止めていたダムの一筋の亀裂がやがて臨界点を超えるように崩落するのに近似している。

そうした傾向はローマ帝国や大英帝国だけではなく、大規模組織に共通し、むろん政党という組織にも共通する。政治学者の岡田一郎は日本社会党の組織興亡史を取り上げた『日本社会党―その組織と衰亡の歴史―』で、戦後、戦前の無産政党系諸派を連合して昭和二二（一九四七）年に片山哲社会党内閣が成立し、その後も何度か組閣の機会がありながら、党内抗争のために分裂してしまった要因を分析している。

岡田の指摘を俟つまでもなく、日本社会党の凋落の原因はイデオロギー対立など党内抗争に諸悪の根源があり、またそれを解決・解消できず、ただひたすら、「ゴルディアスの結び目」を外部条件の好転――他の政党の失敗――に期待し続けたところにあった。社会党はイデオロギー抗争を継続させるだけの議員数や党員数を確保できなくなるまで、イデオロギー抗争にこだわったのである。いわば、それが日本社会党の体質であった。日本社会党の低落は、改革という内部力学のある種のエネルギーとは何であったのかという問いを、わたしたちに突きつけているのである。岡田はつぎのように問う。

「二〇〇三年総選挙において、……旧社会党勢力は日本政治における役割を終えたと言っても過言ではないだろう。一九五五年体制において、野党第一党として、日本政治に大きな影響を与えてきた旧社会党勢力が、なぜかくも無残な終焉を迎えなければならなかったのか。（中略）社会党の党組織改革とその挫折の歴史は、民主党をはじめとする日本の諸政党が特定の支持団体以外の有権者に広く支持を求めるために何が必要かを我々に示すことであろう。……社会党の意義を否定するものではない。もしも、社会党が存在しなければ、戦後の日本であれほど平和主義が定着し、軽武装路線を貫くことは出来なかったであろう。ひいては、日本経済の繁栄もなかったかもしれない。……」

わたしも岡田と同様に日本社会党が日本政治に果たした役割と意義を全面否定するものではない。だが、その衰亡は日本社会党が一般国民の政治要求などを置き去りにし、日本の政治を改革する機会をつねに先延ばしにした政治的無責任の結果によるものではないだろうか。

岡田は日本社会党の低落の原因を組織内抗争に求めつつも、党組織とすらいえない日本社会党の実情と労働組合への依存の強さを問題視した。岡田は労働貴族化した議員とそれを支える労働組合、イデオロギーだけを振り回す声の大きな集団の果てしない内輪もめに大きなため息をついているのだ。

岡田の指摘を俟つまでもなく、日本社会党は、国民を置き去りにして組織改革を内部の派閥抗争に堕してしまった場合の政党の末路を、遺憾なく示しているといえないだろうか。

日本社会党の存立は、直接的には依拠していた官公労の弱体化に加え、その強力な支持基盤であった旧国労の分割民営化によって揺さぶられ、さらに、野党第一党の地位を自民党への批判票で保つことのできた中選挙区制が小選挙区制へと改編されることによって揺らいでいった。空洞化して組織とすらいえないようになってしまった組織の脆さがそこにあったのだ。

戦争が地域紛争というかたちでとらえられ、日本もまたそのような地域紛争への関わりを余儀なくされる中での平和維持勢力の必要性、さらには市場主義的な政策によって拡大してしまった貧富の格差問題、そして福祉政策の一層の充実が求められるようになった今、健全なる社会民主主義政党の崩落というなんとも皮肉な状況を呼び起こしている。

第五章　指導者と組織論

もし、皇帝になっていなかったら、世評は一致して彼こそ皇帝の器であると認めていたであろうに。
（タキトゥス『同時代史』より）

ある人びとからは称賛され、ある人びとからは非難される。
（ホラティウス『風刺詩』より）

指導者の器とは

ギボンの『ローマ帝国衰亡史』は、ローマ帝国の政治史、軍事史、文化史、さらには組織史などの側面を持つものの、読み手にとっては、皇帝史として印象づけられるのではないだろうか。そして、組織の指導者の器とは一体どうあるべきなのか、あるいは指導者のリーダーシップとはどうあるべきかという強い読後感を残すのではあるまいか。少なくとも、私の場合はそうであった。

ローマ史研究家の南川高志は、『ローマ五賢帝――「輝ける世紀」の虚像と実像――』でアウグストゥス帝に言及しつつ、ローマ帝国皇帝の権力と指導力との関係について、つぎのように指摘する。

「彼は、共和政時代の先例を踏襲しながらも、一身に数々の権限を集めたのであり、やはりそれは異例のことであった。そして、それ以上に重要なことは、法律上の権限とは異次元の力、つまりローマ社会を指導する最大の有力者としての『権威』が、彼の政治的な権力行使の基礎をなしていたということである。」

さらに、南川は「権威」という考え方そのものがローマ人固有のものであったとみる。そして、「ローマ社会では、家族生活から公的活動に至るまで指導的な人物がおり、人々は経験や知識、生活などの点で優越している人物に従って行動し、またそうした中に共同生活の秩序と安寧を見出していた。こうした指導的人物の持つ徳性が『権威』で、ローマ人は『権威』があると認めた人物には理由なしに従った」と指摘する。

南川は五賢帝のうちの一人、カエサル後の混乱期を治めたアウグストゥス帝——カエサルの姪の息子——の人物像について、「アウグストゥスはカエサルの後継者として、また混乱した社会秩序を再建した最高の名士としての『権威』に基づいて、政治を指導したのである。アウグストゥスが、晩年に自らの功績を記録し後継者ティベリウス帝によって青銅板に刻まれ墓廟の入口に掲げられた『神君アウグストゥス業績録』の中で、『私は権威の点で万人に勝ったが、権限の上では同僚を凌ぐことはなかった』と告白しているのは、まさにこのことである」と述べる。

ローマ在住の作家の塩野七生は、一連の『ローマ人の物語』でローマ帝国の皇帝たちなどの人間臭い権力闘争などを描き、日本にローマ・ブームをもたらした。彼女は、『ローマ人の物語―パクス・ロマーナ―』などで、文献にこだわりがちな研究者とは異なり、作家ならではの洞察力と創造力からこのアウグストゥス帝について、カエサルほどではないにせよ、二人の補佐官的人物に支えられローマ帝国をよく統治した人物として描いている。

ここでいう二人とは、一人はアグリッパ（前六三〜前一二）であり、もう一人はマエケナス（前七〇〜前八）である。塩野はカエサルのアウグストゥスへの選択眼とアグリッパについて「よくもこれほども自分とちがう人物をカエサルは後継者に選んだと思うが、……十七歳当時のアウグストゥスに、カエサルは、強い責任感と自己制御の意思を認めたからであると思う。アグリッパを抜擢してアウグストゥスにつけることで、アウグストゥスに欠けている面を補足してやろうとしたのではないか」と忖度する。

カエサルは、指導者に必要な資質として塩野が掲げる「知性」、「説得力」、「肉体上の耐久力」、「自己制御（自制心）の能力」、「持続する意思」――これはイタリアの普通高校の教科書にもあるそうだ――のすべてに恵まれたが、その跡を継いだアウグストゥスがこのすべてを満たしていたわけではなかったと、塩野はみる。

だが、普通なら、カリスマ型指導者のあとは決まって集団指導体制になるところ、そうならなかったのは、アウグストゥスがこれら指導者の器をみたす五つの基準をある程度満たしていたのではないか。とはいえ、アウグストゥスがアグリッパとマエケナスというブレーンに恵まれたのは幸運であったろう。

そうでなければ、カエサル暗殺後の殺伐としたローマ帝国の混乱を短期間で収拾し、より一層の繁栄をもたらす政治は実行できなかったに相違ない。五つの基準についての塩野の採点は、カエサルをいずれも一〇〇点とすると、アウグストゥスの点数はつぎのようになっている。

「知性」——知性を「知識だけではなく教養だけでもなく、多くの人が見たいと欲する現実しか見ない中で見たくない現実まで見すえる才能」、つまり、「創造性を有してこそ真の知性、という考え方をとるならば、アウグストゥスに与える評価としては八十点が妥当。」

「肉体上の耐久力」——「無理をしないで自然にまかせ、虚弱体質もだましだまして長命にもっていったのだから、彼の場合は肉体上の耐久力＝生存年数として」は満点。

「説得力」——「言ってみれば、言語のみを武器にして敵をも味方に変えてしまう能力だ。それは、何を伝えるか、に、どう伝えるか、もプラスされてはじめて効力をもつ。……演説は、聴かせなくてはならない。アウグストゥスには、『読ませる』『聴かせる』能力が不十分なのだ。」

「自己制御の能力」——「自制心と言い換えてもよい。満点の出来であった。」

「持続する意思」——「百点満点を与えてよい。」

要するに、スーパーマンであったカエサルとの比較で、アウグストゥスは説得力という能力には欠けたものの、他の四つの能力においてはすぐれていたことになる。戦場を駆け回るほどの肉体上の耐久力にアウグストゥス帝は恵まれなかったが、闘い上手の戦略家であったアグリッパにも助けられ、また苦手とした説得力が必要とされる外交などはマエケナスに助けられ、指導者としての五つの基準を満たしていたことになる。

ローマ帝国史において、陪臣たちに裏切られたローマ皇帝たちが実に多かったことを考えると、この二人はアウグストゥス帝の地位を脅かすことなく、その黒子に徹したのである。それだけ、この二人にとって身近に接するアウグストゥス帝は魅力ある指導者であったことになる。それはアウグストゥス帝がローマ帝国にとっての重要な意識決定に際して、決して私情や私欲を挟むことがなかった皇帝としていまに伝えられていることからも理解できよう。

ちなみに、中国最古の兵法書である『孫子』——中国春秋時代の呉王闔廬（前五一四〜前四九七）に仕えた孫武の作品といわれるが、いまではその後多くの人が書き足したことが知られている——の一三篇のうち、「計篇」に「孫子曰く、兵とは国の大事なり、……これを経（はか）るに五事を以てし」とある。具体的には、「一に曰く道（政治）、二に曰く天（自然界のこと）、三に曰く地（土地の状況）、四に曰く将（将軍などの指導者）、五に曰く法（軍制など）なり」である。

このうち「将」については、「将とは、智・信・仁・勇・厳」とある。「智」とは「知性」、「信」とは「誠真」、「仁」とは孔子以来の儒教的道徳観の基本である「自己制御と他者への配慮」のことである。「勇」は「勇気」や「勇敢さ」、「厳」とは「威厳」である。孫子のいう指導者にとって必要な五つの基準は先述の五つのそれとかなり共通しているのではないか。この点は、東西比較論としても興味ある点である。

「指導者の器」には単に頭がよいだけではなく、将来を見通す力や現実を直視して対処方法を熟考できる知性がまずは必要である。自制心とは信や仁に支えられたものである。厳とは持続する意思の強さに付随したものである。勇とは肉体上の耐久力に支えられた持続する能力でもあるだろう。

これらのなかでも、「勇」はローマ帝国と深い関係をもった古代ギリシア社会において、とりわけ指導者においてはもっとも重視された徳であった。

この点について、ギリシア哲学から現在に至るまでの哲学を幅広く論じるスコットランド人で、米国の大学で教鞭をとってきたアラスデア・マッキンタイアは『徳のあとで』（邦訳『美徳なき時代』）でつぎのように説明する。

「勇気は、たんに個人の特質としてだけではなく、世帯（household）と共同体（community）を維持するために必要な特質としても重要である。栄光を意味するキュードス（kudos）は、戦闘や競技で卓越する個人に、彼の世帯と共同体による承認のしるしとして属するものである。勇気と結びついている他の諸特質もまた、それらが公の秩序を維持するために果たす役割のゆえに、公的な承認に値する。……勇気があるということは、信頼を置きうる人であるということである。それゆえに勇気は、友愛（friendship）を形成する一つの重要な要素である。」

マッキンタイア自身は遠く古代ギリシア世界に思いをはせつつも、米国的自由主義社会――自由主義的個人社会と言い換えてもよい――について、その行く末を「勇気=徳がなくなってしまった」社会=美徳なき社会として描いている。

さらに、マッキンタイアは、大英帝国衰退の後に新たに帝国扱いされてきた米国社会の現状を、まるでローマ帝国末期の姿であるかのように描いている。マッキンタイアは米国のような自由主義的個人主義が突出した社会の行く末は決して明るいものではなく、むしろ暗黒時代のようであると指摘する。マッキンタイアは「美徳なき時代」の到来をつぎのように描く。

「一つの歴史的時期と別の歴史的時期との間にあまり厳密な平行関係を求めるのは常に危険であり、そうした平行関係のうちもっとも誤解を招きやすいものに、ヨーロッパと北アメリカにおける私たち自身の時代と、ローマ帝国が暗黒時代へと衰退していった時期との間に求められてきた平行関係がある。それにもかかわらず、その間にはいくつかの平行関係が存在する。そのローマ帝国の歴史の中で決定的な転回点が起こったのは、善き意思をもった男女がローマの支配（imperium）を支えるという仕事から身を引いて、礼節（civility）と道徳共同体（moral community）との存続を、その支配の維持と同一視することを止めたときであった。」

マッキンタイアは古代ローマ帝国と米国という現代の帝国世界との比較に禁欲的な姿勢をとりつつも、「すでに到来している新たな暗黒時代を乗り越えて、礼節と知的・道徳的生活を内部で支えられる地域的影響の共同体を建設することである。そしてもし諸徳の伝統があのかつての暗黒時代の恐怖を生き抜くことができたのならば、私たちに希望の根拠がまったくないわけではない。しかしながら今回は、蛮族は国境の向こうで待っているのではなく、すでにかなりの期間私たちを支配し続けているのだ」と主張せざるを得なかったのだ。

マッキンタイアの著作は一九八一年に発表された。スコットランド人の哲学者マッキンタイアが、自由主義的個人主義の現代社会を「(美)徳なき」世界として描いてから十数年後、フランスの哲学者アンドレ・スポンヴィルもまた「徳」を説いている。経済学者が市場主義体制における「自由」を熱心に論じているときに、哲学者たちは「徳」を論じていたことになる。

スポンヴィルは『ささやかながら、徳について』で、「礼義正しさは徳の源であり、誠実さは徳の原理であった。思慮深さは徳の条件」であるが、「礼儀正しさが価値であることは否定できないにしても、それは善悪いずれをも包合するものだから、漠然としていたそれだけでは不十分な、そしてそのかぎりではほとんどいかがわしい価値である」以上、礼儀正しさとは世代からつぎの世代へと伝えられ獲得されるしかないのであると主張する。礼儀正しい徳は前の世代から今の世代が努力して身につけ、次の世代へと継承するしかない。

そうした礼儀があって、共同体ははじめて維持される。欧州諸国といえども「中世的世界観の消滅↓キリスト教的な絶対的価値観↓神の存在への疑義」という近代社会の流れのなかでは、道徳もまた相対的なものになる以上、人と人、あるいは共同体と共同体との間の礼儀正しさの形成なくしては、徳は成立しないことを、スポンヴィルは説くのである。徳は礼儀正しさを出発点にするしかないのである。スポンヴィルはこのことを繰り返し強調する。

スポンヴィルの主張する徳の根源にあるのは、儒教的な仁の世界と同じといえなくもない。また、スポンヴィルは勇気について「すべての徳のなかで普遍的に賞賛される徳は勇気であろう。めったにないことだが、勇気のもつ声望は社会や時代によって変わることはないし、人によって変わることもほとんどない」とも主張している。つまり、勇気という徳こそが時代と地域を超えてわたしたちの普遍的な価値観であるとされるのである。

マッキンタイアやスポンヴィルら哲学者が、市場経済体制における暗黒部分をえぐり出そうとするのは、わたしたちの社会の眼前にある混乱が徳なき社会の特徴であることを示そうとしているのにほかならない。

ところで、マッキンタイアが「指導者の特質」について「徳」や徳を守るべき「勇気」の必要性を説いていたとき、経済学者や経営学者は何を説いていたのだろうか。彼らはもっぱら市場原理の中立性のメカニズムを「神の見えざる手の作用」として説くだけで、そこに参加する経済主体のモラルやあるべき徳についてはほとんどふれることはなかった。スポンヴィルはこの点をめっぽう鋭く批判する。

だが、市場経済体制における徳などは、経営学者や経済学者などは自分たちが説くべきことではなく、それに相応しい人々、現在の専門職業的分業体制観からいえば、宗教家たちが説くべきものと見なしているようである。かつて市場ルールにおいて独占禁止法が定められたのは、市場経済体制下の優勝劣敗競争で独占や寡占が産み出され、最終的には消費者利益を大きく阻害し、国民経済全体の厚生を著しく低下させたからであるが、そのような歴史認識はどこかに忘れさられてしまったようである。

反独占政策という市場経済への国家介入が忌避された結果、(*)経済学者や経営学者は、経営者たちが保持すべきものとして徳やモラルを説くのではなく、企業の「社会的責任論」——CSR, Corporate Social Responsibility——や「ステークホルダー論」、あるいは「企業統治（ガヴァナンス）論」などを流行らせた。ただし、それは経営者のあるべき姿や指導者の器を論じたわけでもなく、また、社会的責任の「社会的」という概念と内実について共通認識が形成されたわけでもなかったのである。

＊ そうした市場ルールも緩和され、地球規模の競争が促進され、とりわけ、金融面ではルールなきルールの下で何でもありの競争が許容されてきたが、最終的には、国家信用、あるいは国家間信用を不可欠にするルールがその競争の混乱の後始末として模索されつつある。

しかしながら、「見えざる手」＝市場経済体制の擁護者であり、経済学の祖とされたアダム・スミスが最初に著したのは『国富論』ではなかった。アダム・スミスの処女作が『道徳感情論』（The Theory of Moral Sentiments）であったことをわたしたちは忘れがちである。スミスに代表されるいわゆる古典派の経済学は道徳哲学から派生していることを再確認しておいてよい。

『道徳感情論』は一七五九年の刊行であった。それは貿易国家として急伸長した小国オランダを抑え、大国フランスとの大西洋をめぐる帝国競争を闘っていた英国がようやく勝利を手中にして、太西洋貿易体制を確立し、産業革命によって他国を圧倒しつつあった時期であった。

そうした大英帝国の思想（イデオロギー）は、奴隷制度などの共通項を持ちつつも、ローマ帝国の「すべてのローマ市民にパンとサーカスを」という平等思想ではなく、国内における富める者と貧しい者との極端な格差を伴ったものであった。帝国の対外的な膨張主義を支える国内的な財政問題もローマ帝国と同様深刻化しつつあった。これはのちに米国植民地への課税問題を通じて、米国の独立運動にさらに引火性の強い油を注ぐことになる。

経済学者アダム・スミスを思い浮かべる人にとって、『道徳感情論』はお世辞にも読みやすい著作ではない。母校グラスゴー大学の「道徳哲学」講座の教授に若くして迎えられたスミスは、変貌しつつある英国社会とその影響を受けていたスコットランド社会に生きる人たちのさまざまな感情――「同情」や「怒り」も含め――の観察を通して、農業社会から工業社会へと移行しつつあった経済社会のあり様とその下での人びとの精神構造、さらにはその未来を見すえていたのである。

スミスの道徳哲学＝「道徳感情論」に頻繁に登場する人びとの感情に関する鍵概念は、「同感（哀れみ）」、「徳」、「道徳的」、「情念」、「社会的」、「非社会的」、「利己的」、「野心」、「感謝」、「憤慨」、

「正義」、「義務」、「慣習」、「自己規制」などである。スミスは大きく変動しつつあった当時の英国社会に秩序をもたらす原理を解明するのに、後の経済学用語からすればおよそ異質のこうした鍵概念を適用しようとしたのである。

まさに、それは「人間性の社会学」としての道徳哲学論でもあった。スミスはわたしたちの中にあり、自らも確認できるような諸感情がわたしたちの内と外でぶつかり合うの中で、ある種の秩序が形成されることをすでに見てとっていたのである。ギボンの著作のなかにもよく出てくる「嫉妬」という感情もまたスミスの著作の中によく顔を出す。

人びとは自らのさまざまな感情を通して、他人に関与し、他人を観察し、人びとの行為などに同感を覚え、賞賛したり、あるいは非難したりする。人間とはあくまでもそうしたなかで、「義務」や「慈恵」などの社会性＝「正義」などの「社会秩序」観を獲得していく社会的存在なのである。

ここまでくると、わたしたちはスミスの『国富論』の世界へとようやく近づくことがわかる。スミスは富と貧困について、人は単に富によって快適さなどの便益を手に入れようとするだけではなく、他人からの同感や賞賛を得ようとする感情をもつのであり、逆に貧困は悲哀感をもたらすとつぎのように述べている。

「人類が、われわれの悲哀にたいしてよりも歓喜にたいして、全面的に同感する気持ちをもっているために、われわれは自分の富裕をみせびらかし、貧困を隠すのである。なににもくらべられぬほどにくやしいのは、われわれの困苦を公共の面前にさらさざるをえないことであり……人類の諸感情にたいするこの顧慮から、われわれは富裕を求め貧困を避けるのである。」（水田洋訳『道徳感情論』）。

このように、スミスにとって「経済学」とは、人間や人間社会を観察するための学問であったのである。いまでは、そうしたスミスの視点がどこかに捨てられてしまっている。

スミスは、富が人びとに幸福をもたらす唯一の途であるとは決して説いてはいない。スミスは人びとの感情をあくまで分析対象としているのである。富への関心が英国を大英帝国へと押し上げつつあったことに、彼は十二分に気づいていたにちがいない。

だが、スミスにとって、富める者と貧しい者との格差という現実が眼前にあった。スミスが『道徳感情論』の最初の部分で、「非社会的な情念」、「社会的な情念」、「利己的な情念」を繰り返し説かざるを得なかったのは、富が必ずしもきちんとした「徳」のあるルールに基づいて個人において蓄積されているとは信じなかったからであろう。

スミスは富ある人、あるいは富を蓄積しつつある人たちがもつべき「徳」を問題視したのである。さらに、彼は大英帝国という巨大化しつつあった経済社会の指導者たちに相応しい「徳」と「英智」を強く求めたのである。

残念ながら、スミス自身はこの徳と英知との関係について詳述はしていない。だが、「自然のこの構造の効用について」という章でつぎのように論じていることが十分に参考になる。

「社会のなかだけで生存できる人間というものは、自分がそのためにつくられた境遇に、このようにして、自然によって適合させられているのである。人間社会の全成員は、相互の援助を必要としているし、同様に相互の侵害にさらされている。その必要な援助が、愛情から、感謝から、友情と尊敬から、相互に提供されるばあいは、その社会は繁栄しそして幸福である。それのさまざまな成員のすべてが、愛情と愛着という快適なきずなで、むすびあわされ、いわば、相互的な世話というひとつの共通の中心にひきよせられているのである。」

ここで興味のあるのは、スミスが、社会は、人びとのそうした相互の愛情と愛着がなくても――したがって、幸福さと快適さは劣るにしても――、互いに協力する「効用」の認識があれば解体することはないとみていることである。

つまり、スミスは、一定の損得勘定が交換されることで社会が存立している状況にあっても、「社会は、しかしながら、たがいに害をあたえ侵害しようと、いつも待ちかまえている人びとの間には存立しえない」のであり、人びとは相互に略奪し謀殺することを放棄すべきことを説いている。だからこそ、人びとの経済行為にもそれなりの道徳が必要なのであると主張したのである。

社会とは「慈恵なしにも、もっとも気持ちがいい状態においてではないとはいえ、存立しうるが、不正義の横行は、まったくそれを破壊するにちがいない」とスミスがわざわざ記したのはそのためである。この豊富な事例は、いまもわたしたちの日常にある。

スミスの生きた大英帝国の時代は、やがて多くの欧州諸国において「帝国主義の時代」となり、人びとは「相互に略奪し謀殺すること」が多くなり、一国の正義は他国にとっては「不正義の横行」となるような時代の到来を予測していたような印象をわたしは受ける。

スミスが、ギボンと同様にローマ帝国へ大いなる関心をもっていたことは間違いない。ローマ帝国の衰亡は欧州諸国に何をもたらし、諸国民の富の蓄積は平和のなかでどのように促進されるのか、スミスはそのことに思いをめぐらせている。このことは『国富論』で、スミスがわざわざローマ帝国の歴史に言及していることからも理解できるのである。だが、彼自身は指導者のあり方の具体像などは語っていない。それこそがスミスから引き継ぐべき、わたしたちに残された課題であろう。

指導者論の周辺

古代ギリシア史の米国人研究者のモリティメール・チェンバーズは、ローマ帝国の衰亡原因を探った歴史家の所説を集め一冊の著作にまとめた。チェンバーズは『ローマ帝国の没落―説明可能か?―』（邦訳『ローマ帝国の没落』）の序文「ローマ帝国没落原因説と歴史研究」でつぎのように述べている。

「歴史を書くということは理由を説明することである。……ローマの没落はまことに謎につつまれている。人間の歴史は、政治的手腕の点では、ローマ帝国以上に輝かしい成功例を知らない。……文明化された西洋の全地方を、単一の支配権の下に二世紀以上もの間統合していた。この偉業は、のちのいかなる国家によっても一度も試みられたことはなかった。……帝国の没落はその時代のひとびとによって予知され、記録されていた。また近代の歴史研究の時代だけにかぎっても、何十人もの学者がいくつかの視点からこの問題に迫ってきた。にもかかわらず、没落の原因はわれわれには不明のままである。」（弓削達訳）。

ギボンの『ローマ帝国衰亡史』の読者の多くは歴史研究者でない以上、そうした検証――しばしば重箱のすみをつつくような――などに興味をもてなかったであろう。反面、ギボンの提示した「組織と存続」や「指導者」という『ローマ帝国衰亡史』を貫く課題設定は、読者の所属する組織、とりわけ大組織のあり方についてのわたしたちの関心を呼び起こすのである。

種々のローマ帝国衰亡論について、チェンバーズは単一性説の提示にきわめて禁欲的であるものの、十数人の代表的研究者のローマ帝国衰亡説――疑問説も含め――をつぎのように六つの範疇に整理している。すなわち、

（一）　衰亡疑問説――ギボンが採用した四七六年を境に即衰亡したわけではない。ローマの中心が滅亡したとしても、スペインやガリア地域までその影響が波及するには一定時間が経過したはずである。たしかに、ギボンの『ローマ帝国衰亡史』の終章にあたる第三八章でも、この年をもってローマ帝国の没落したことについて明白な説明を行っていない。では、いつからローマ帝国が滅亡の途を歩み始めたか。それが争点となる。

（二）　ローマ人の道徳的頽廃説――キリスト教との関係において、今日までのいわば定番説の一つ

である。

（三）　人口減少説――西ローマ帝国における悪疫流行によるとする説である。

（四）　ローマ市民権乱発説――ローマ軍への入隊による市民権獲得の価値が減少して、非市民の入隊の必要がなくなったことに原因を求める「政治体制崩壊」説である。

（五）　経済的原因衰亡説――気象変動などによる地力消耗で衰亡したとする説。

（六）　社会的原因説――階級構造原因説。特権階級の没落と政治社会体制の大衆化による社会の不安定化による説である。

これらの説は、（一）の衰亡疑問説を肯定するか、あるいは否定するかで大きく変わってくる。肯定はともかくとして、否定すれば、ローマ帝国は衰亡したのではなく、現在の欧州諸国の興隆――言語や法律などその文化的継承面も含め――につながったのだとする「変容説」が浮上することになる。すると、さまざまな原因説は、変容を促した要因をただ単に列挙したことになる。(＊)

＊　たとえば、ローマ帝国について多くの著作を書いている作家の塩野七生の場合、先にみた六つの衰亡要因との関係では、とりわけ、四番目と六番目の要因を重視しているように思える。塩野はこうした要因の影響を「ローマの非ローマ化」という考え方で象徴させている。ローマ帝国を支えた皇帝などの軍事と政治の両方を知りぬいていた人材を供給していた元老院の地位低下と、軍事しか知らない軍人たちの跋扈によって、ローマの統治機構が非ローマ化したことでローマ帝国を維持できなくなったとみたのである。この意味で、ガリエヌス帝（在位二五三～二六八）による元老院と軍隊を分離させた措置がローマ帝国の衰亡に拍車をかけたことを強調する。すなわち、「ロー

マでは、共和政・帝政を問わず、国家の要職に人を送る人材のプールでもあった元老院に議席をもつことが当然と考えられていた階級に生まれた者は、若いうちに軍務を経験することが義務づけられていたのである。……一個軍団を指揮する軍団長には元老院議員であることが資格条件であったし、低い生まれから軍団内で昇進した者には、その資格を与えるためだけにも、皇帝の推挙によって元老院の議席が提供されたのであった。……一個中隊の隊長ならば、政治とは何たるかを知らなくても立派に職務は果せる。しかし、軍務とは何たるかを知らないでは、政治は絶対に行えない。軍人は政治を理解していなくてもかまわないが、政治家は軍事を理解しないでは政治は行えない。人間性のこの現実を知っていたローマ人は、昔から、軍務と政務の間に境界をつくらず、この間の往来が自由であるからこそ生れる、現実的で広い視野をもつ人材の育成のほうを重視したのであった。……ガリエヌスの後に輩出してくる軍人皇帝たちを見ても、軍人としての能力では優れているにもかかわらず、政治家ではなかった。この事実が実証するように、以後のローマ帝国は、軍事もわかる政治家、政治もわかる軍人、を生まなくなってしまう。これもまた、ローマの非ローマ化、の一つであるのだ。」塩野七生『ローマ人の物語―迷走する帝国（下）―』新潮社、二〇〇八年。

ちなみに、死後に発表された『君主論』で名前を後世に知られることになるフィレンツェのニッコロ・マキアヴェリ（一四六九〜一五二七）は『戦術論』を一五二一年に発表した。マキアヴェリは対話形式として書かれたこの著作で、ローマ帝国の軍事組織、軍務、軍事行動の特徴などを紹介しつつ、ローマ帝国の衰亡について「この帝国は野蛮人たちの侵入によって版図の大部分は分断されるにまかされたけれども、この活力はもはや再生することはなかった」と述べたうえで、その理由についてきわめて簡単につぎのようにふれた。「その理由の一つはローマ人が亡びたとき、その諸制度の復活にすこしも努力しなかったこと、二つには、これは今日の生きる方法ともなっているのですが、キリスト教の愚策によって、古代人がやったように、みずからを守るために必要な手段をとりあげなかったことです。」最初の指摘は、ローマ市民が自ら軍団を組織していたような制度を指していると思われるが、キリスト教の影響とローマ帝国の衰亡との関係についてのマキアヴェリの指摘は一般的すぎて必ずしも明確とはいえない。彼の文脈からすれば、キリスト教は皇帝や軍人などへの偶像的崇拝を禁じ、現世的な名誉などに対して、古代ローマの宗教のように重視していないことに起因しているというのではないだろうか。こうした姿勢からはローマ帝国の市民による祖国防衛といったような主体的な行動が出てこないとマキアヴェリは考えたのではないだろうか。ニッコロ・マキアヴェリ（浜田幸策訳）『マキアヴェリ戦術論』原書房、二〇一〇年。

一方、ギボンは、ローマ帝国が滅亡したことを前提にその犯人捜しを『ローマ帝国衰亡史』で行っている。ギボンは四七六年をローマ帝国が消え去った歴史的瞬間とみた。この年をローマ帝国史年表でみてみると、「ロムルス・アウグストゥルスの廃位、ゴート族のオドアケルがイタリア王となる」とある。だが、会社もそうであろうが、トップが交代した時点ですぐに破綻――倒産――したということはまことに稀有である。ましてや、一国の政治体制が政権――指導者――交代後、一夜にして一挙に崩れ去ったとは考えにくい。チェンバーズもまたつぎのように指摘する。

「ローマ滅亡年としての四七六年は近代においてエドワード＝ギボンによって採用された。かれははじめ『ローマ帝国衰亡史』をこの時点で結んだ。しかしながら、ローマで、ある君主が別の君主にとってかわられたからといって、帝国のたいていの従属民がそのことで何らかの現実的な衝撃を感じたとか、あるいはかれらの生活に何らかの大がかりな調整を必要としたとかいうことは、実際上、非常に疑問である。」（『ローマ帝国の没落』）。

とはいえ、こうした四七六年滅亡説に異議を唱えた研究者たちの論文は、研究者や学会関係者に読まれることはあっても、ギボンの著作に組織運営の教訓を見出そうとする読者の多くには読まれることなどはそうないであろう。四七六年説がいまにいたるまで継承された理由はここらあたりにあるのではないだろうか。

チェンバーズがこのことをわきまえた上で問題視するのは、「ギボンがその理由を説明しなければならない歴史の動きに留意することに失敗した」という点である。当然ながら、四七六年にいたるまでにすでに衰亡の傾向が顕著となったいくつかの歴史的転換点があったことにまちがいなく、その時点で先にみた原因がローマ帝国という組織に作用し、ローマ帝国を維持するのに必要な力を萎えさせ、最後に自らの自重に耐えかね沈んだということになる。それを象徴したのが、ゴート族の王がローマ帝国の象徴的支配権を得た四七六年ということになるのではないだろうか。

ギボンがもっぱらローマ帝国の歴史を指導者であった皇帝の性格——たくさんの逸話、ゴシップ的ネタの仄聞を含め——やそのリーダーシップのあり方に絞って展開し、たとえば、当時の世界情勢や技術進歩などの多くの要因に言及しないことを責めて、彼のローマ帝国の組織論分析が甘いと批判してどうするというのだろうか。ギボンには経営組織論や経済学の知識が少ないと批判することもまた酷というものである。ギボンが生きたのは一八世紀の欧州社会であり、当時の啓蒙主義という空気を吸っていたのである。チェンバース自身は十分にこの点を理解している。チェンバースはいう。

「われわれは一八世紀の思想家の間に共通の信仰、すなわち、優れた政治的手腕を持つ者は如何なる政治的事件にも指導性を持ち続けることができる、という信仰に注意しよう。ギボンはまた、理性と進歩の精神がいまや破壊の如何なる脅威に対しても、ヨーロッパ文明を保障するに足る、とも信じていた。一歴史家で、今日こう言うことができるものがあるだろうか。」（『ローマ帝国の没落』）。

ギボンが『ローマ帝国衰亡史』第一巻を発表したのは、すでに述べたように、植民地米国の独立宣言が採択され、独立を果たしたまさにその年であった。

ギボンは大英帝国の行方をローマ帝国の運命に引き寄せつつ、それを十二分に意識して第一巻を世に送り出したに違いない。英国の属領＝植民地であった米国の独立こそがその後の大英帝国の運命を大きく変えることになるのである。

ギボンは単に歴史家あるいは歴史作家として、ローマ帝国の運命と大英帝国のそれを重ね合わせていたわけではない。当時彼は、英国議会の与党トーリー党の議員であり、植民地との外交や軍事などについて英国政治の中心にいた。つまり、ギボンは議員として大英帝国の方向を見つめつつ、遥か昔のローマ帝国の衰亡に思いを巡らしていたのである。

ギボンの国会議員としての二期目――補欠選挙で――のときに、大英帝国の軍隊はヨークタウンでジョージ・ワシントン将軍（一七三二～九九）――後に米国初代大統領（一七八九～九七）――率いる植民地軍に惨敗しているのである。この時期に、『ローマ帝国衰亡史』第二巻と第三巻が相次いで発表された。ギボンが彼の潜在意識のなかでローマ帝国と大英帝国を比較しなかったはずはない。

このとき、ギボンは植民地米国の指導者となりつつあったワシントンと大英帝国の指導者たちの器の大小を、ローマ帝国の歴代の皇帝たちと比較し、議会の論戦などを通して考えていたのだろう。ギボンが亡くなってから公刊された『自伝』からはそのようなことが伝わってくるのである。

組織と組織文化

考えてみれば、これまで経済環境や世界外交の混乱などの時期には、ギボンの『ローマ帝国衰亡史』が繰り返し読まれてきた。その解釈をめぐっては、「衰亡」そのものの事実認識の是非から、衰亡を認めたとしてもその原因をめぐってさまざまな論議が展開してきた。

このなかで、各種の原因説の真偽――おそらく、それらの理由が複合化したあたりに真理があるであろう――は別として、最初にあげた「衰亡疑問説」は現在もまた再考に値する。つまり、衰亡とは滅亡に向っての減衰運動のことであり、ある一時期をもって突如、有が無に帰することはありえない。前述のチェンバーズもこの点にふれつぎのように指摘する。

「ローマ帝国の没落について語るとき、われわれはギボンが下した判断に暗黙のうちに従っている。しかし、西ローマ帝国の滅亡といえども漠然とした歴史的一事件にすぎない。……たとえば、中世さらには近代ヨーロッパ諸国家へとこの帝国体制は変容したのだ。……ローマ文明が実際にはけっして消え失せなかったことを示している。」（『ローマ帝国の没落』）。

チェンバーズのこの指摘は、ビジネスに興味をもつわたしたちにとって、組織が消えたとしてもその組織文化が継承されるのかどうかという命題を浮上させる。あるいは、組織そのものが消え去ったとしても、新たにつぎなる組織文化が再生されれば、古い組織を大きく変えていくことができるのか、という命題である。「組織論」あるいは「組織文化論」の大きな課題がそこにある。

前章で紹介した米国人ジャーナリストのウィリアム・ホルスタインは、GMの組織文化を取り上げた『なぜGMが問題なのか』（邦訳『GMの言い分―何が巨大組織を追い詰めたのか―』）で、組織と組織文化の二面性について、GMとトヨタの興味ある比較を行っている。

すなわち、GMもローマ帝国がその帝国領土を拡大させあらゆる世界市場をその支配下に置いたように、グローバル化することで拡大化した。その売上額構成は米国以外が圧倒的な割合を占めていた。一方、GMへ肉薄することを組織の暗黙的目標としてきたトヨタもまた、その必然の過程としてグローバル化した。ホルスタインはいう。

「二〇〇四年の終わりから、トヨタ内の問題点が明らかになってきた。……業界の歴史の中で、四〇～五〇年もの間、間違いなくトヨタのスピードで成長した企業は他にない。彼らは自信過剰になっていた。コスト構造は制御不可能になり、死角が生じた。……急な拡大のあと、伝統的に内政重視の企業は突如二六ヵ国に二六万人の社員を抱えることとなった。」

ホルスタインは、グローバル化したトヨタのトップ層が「全員暗い色のスーツを着込んだ五〇代から六〇代の日本人男性のみで構成されてい」ることに着目し、同じように「五〇代から六〇代の白人男性が優勢とはいえ、アメリカ人、少数民族、そしてアメリカ人以外が役員や管理職のレベルを含む組織」としてグローバル化を乗り切ろうとしたGM以上にその組織を活性化させ続け、数多くのライバル企業のなかで生き抜ける保証はあるだろうかと、きわめて重要な問題提起をする。

ホルスタインは、二〇〇〇年代を通じてGMの変革に取り組み続けたワゴナー――二〇〇九年三月末に米国政府からの追加融資と引き換えに退任――のトヨタに関する言説を紹介する。ワゴナーは「彼ら（トヨタ―引用注）もわれわれと同じように難問を抱えている。そして、勝算はこちら（GM―引用者注）にある、と言おう」という。ワゴナーはガソリンの垂れ流しメーカーのようなイメージのGMを、エネルギー効率の高い代替エンジン、さらには電気自動車の開発に力を注ぐイメージのGMへと転換させつつ、かつてのデザイン力を高める苦労を重ねてきた。

そして、ホルスタインもまたいう。

「長年の間に何千人の社員が会社を去るか職を追われはしたが、ワゴナーは会社の士気を保ち続けた。残った人々はGMの未来を信じている。……否定と傲慢に支配されていたロジャー・スミスの時代とはかけ離れた状況だ。結果、GMは敗北した組織のように感じられない。……ワゴナーからは敗者のにおいがしない。」

だが、「素晴らしいアイデアを携えた部外者が突然GMの最高権力を握り、一、二年で改革を成し遂げるなどというのは、ばかげた妄想だ。GMほどの規模の会社を運営することの複雑さとスケールは、そんな夢物語を現実のものとするにはあまりにも大きすぎる」とホルスタインも同情的に指摘するように、ＧＭの復活は米国経済そのもの、とりわけ、自動車産業に関連する米国製造業そのものの復活にもかかっているのである。

大組織とは膨大な時間の結果において形成されたものであり、それを変えるノウハウの確立にはそれ相応の膨大な時間を要するということなのである。これは本書の随所で何度も強調してきたことである。

ところで、占部都美・海道進編『経営学大辞典』によれば、「組織」とは「共通の組織目標を達成するために、二人以上の人間が特殊化するとともに、相互に調整された合理的な人間行動のシステム」であるとされる。そうした「組織」の維持のためには、「組織目的」、「特殊化」、「調整」、「人間行動」、「合理化」、「モティベーション」、「システム」という要素を明確にする必要性がある。

ここでいう「特殊化」とは「各成員の間に職能別、製品別、地域別などの特殊化が行われ、各自の職務権限、責任の割当すなわち役割の分担が行われる」ことを指す。占部のいわんとする「特殊化」はさらなる「特殊化」によって説明されていてきわめてあいまいな概念定義であるが、要するに「特定目的化」といえばより分かりやすい。

「調整」とは特定目的のために働く成員が動きやすいようにそのコミュニケーション・システム――情報の共有化――を促進することである。このなかには成員間の権限関係の明確化なども含まれる。「システム」とは組織を円滑に動かす体制――メカニズム――のことである。このシステムについては、さまざまな試みがなされてきた。むろん、小企業などの場合には、その組織運用はきわめて単純であり、意思決定のスピードは速い。他方、大規模組織になるほど、その運用は複雑化するものである。

たとえば、米国ベスレヘムスティールなどの工場管理で実績を上げ、のちに科学的管理法を提唱したフレデリック・テイラー（一八五六～一九一五）などは、職能機能の充実による組織運営の効率性を主張した。いわゆるテイラーリズムである。

これは機械工としてのテイラーの組織経験と観察によるところが多い。工場長の下にベテランの管理者――職能別管理者――を配し、彼らがその専門的知識と職能によって作業を指揮するような体制である。ただし、工場長などの能力に絡んで、職能別管理者の個々の決定を工場長がどのように調整するのかという問題は依然として残される。テイラーのいうシステムとは単純な大量生産体制の下で効率性を追求するための体制であっても、多品種少量生産の場合には有効な体制とであるとは必ずしも限らない。

その後、米国企業などでいわゆる「ライン・アンド・スタッフ」組織が導入されたのは、職能的組織の弱点を補うためであった。つまり、テイラー的世界でいえば、現実には工場内のすべての業務に対してオールマイティーにはなれない工場長の分身を務めるスタッフ部門が、職能的組織の調整に当たるというやり方である。

企業などの組織は大規模となるに従って、こうした職能組織とライン・アンド・スタッフ組織とのさまざまな組み合わせが志向されてきた。とはいえ、人の個性がそれぞれに異なるように、組織もその個性は異なる。それはいわゆる「組織風土」であるとか、あるいは「組織文化」ととらえられてきた。前掲『経営学大辞典』によれば、組織文化とはつぎのように説明されている。

「組織の構成員によって共有された価値・規範・信念の集合体をさす。組織風土の疑似概念であるが、組織風土が、組織構成員の満足や意欲など組織のミクロ的な問題を分析するための概念であるのに対し、組織文化は組織全体のマクロ的な問題を分析するための概念である。……組織文化は、組織構造や管理システムとならんで、組織構成員の意思決定や行動に対する影響因の一つであり、組織において、組織構造や管理システムさらには経営戦略を補完するという機能を果たす。」

興味深いのは「組織文化が強く共有されているときには、公式的な管理機構は簡素化できるのである。さらに共通の価値や信念が構成員によって強く共有されている場合には、公式的な命令や規則ではひきだすことのできない強い一体感や使命観を生み出すことができる」という指摘である。つまり、企業文化や組織運営原理において、重要な要素となるのは「モティベーション（動機づけ）」である。モティベーションこそが組織の維持・運営に深くかかわっているのである。

反面、組織文化の負の作用もある。それは成員がしばしば過去の成功体験に固執することで、新たな環境への組織対応を遅らせることである。人とは過去の成功体験をなかなか否定できないものであるが、成功体験だけを重視するような企業文化は危うさをもっている。「傲慢な人は元々傲慢なのではない。成功こそがその人を傲慢にするのである」とよくいわれる。人の集合体である組織もまたそうなのである。

その意味で、組織文化とは決しては固定的かつ静態的、あるいは守旧的なものではなく、むしろ進化させていくことでしか保持できないものである。経営学者の加護野忠男は前掲『経営学大辞典』でこの点にふれ、組織文化のマネジメントの重要性を指摘する。

「組織文化を構成する価値・規範・信念は、互いに補強し合う一つの全体をなしている。……一定の方向をめざして組織文化を意識的に変革するためには、この文化変容プロセスに対して様々な価値の提示、既存の行動様式に対する継続的な問題提起、組織の価値を伝承する様々なシンボルの新しい英雄の発掘、組織開発、人事異動や機構改革によるゆさぶり、採用・教育訓練計画の見直し、一定の目標をめざした全社運動、横断的な人事異動による異種交流などの方法が用いられる。一般に組織文化の意識的な変革には、長い時間と粘り強い介入が必要であり、その鍵はトップ・マネジメントのリーダーシップにあるといわれる。」

こうした「組織文化論」からみるかぎり、組織は機能的な集団であり、その機能性が組織存続に大きな役割を果たすのである。だが、それだけではなく、組織そのものの目的が明確にされていかなければ、組織の存続だけが自己目的化することになる。そのような組織は往々にして外部環境の変化などに対応できずきわめて脆弱なものである。結局のところ、そのような組織であれば、存続が危うくなることが示唆されている。

必然、「既存の行動様式に対する継続的な問題提起、組織の価値を伝承する様々なシンボルの新しい英雄の発掘、組織開発、人事異動や機構改革によるゆさぶり」を勇気をもって行うことこそがまさに指導者のリーダーシップとなる。

『ローマ帝国衰亡史』において、ギボンがときに史実の叙述から離れて、皇帝のリーダーシップに言及するところが多かったのもそのためであったといってよい。

終章　巨大組織の寿命

知恵を伴わなくても正義は大いに強力なものだが、正義を欠いた知恵はまったく通用しないであろう。
（キケロ『義務について』より）

帝国論の時代性

わたしたちが時代の転換点が明らかにきていると感じるときに、本来は未来志向的に考えるべきである。だが、未来を考えるのに、わたしたちは往々にして過去にその範を求めようとする。わたしたちは世紀の変わり目に多くのことを経験した。世界もまた変化しつつある。たとえば、米国の衰退と中国の興隆、米国を象徴したGMなど大企業の衰退、である。多くの人が「帝国」といわれた組織が解体しつつあるような感じをもったにちがいない。そして、以前と同じように世界のあちこちで、エドワード・ギボンの『ローマ帝国衰亡史』が読まれたに違いない。

それは、たとえ「ローマ帝国」という題名がついていなくても、ここ十年ほどをふりかえっても、「組織論」、「経営論」、「外交論」、「米国論」などの著作において、著者がローマ帝国に言及している場合も多いことからも理解できよう。ローマ帝国史はいまも多くの人たちにとって、いまだに掘りつくされていない智の金鉱のようなものであるのかもしれない。

かつてのカリフォルニアの金鉱ラッシュとまでいかないまでも、わたしたちのまわりも「帝国論」ラッシュとなったのである。大英帝国史研究者の井野瀬久美恵は『大英帝国という経験』の最終章――「おわりに」――で、二一世紀のはじめにかくも「帝国論」が氾濫した背景について、「このところ、われわれの周辺には『帝国』という言葉があふれている。……分野を問わず、学問の世界にも『帝国』が闊歩する。今われわれはなぜこんなにも『帝国』を語りたがるのだろうか」と問題を提起した上で、つぎのように指摘する。

「今日の帝国論の多くは、現代版『帝国』である今のアメリカを意識したものだ。冷戦体制崩壊後、唯一の超大国となったアメリカを語るキーワードとして、『帝国』は一九九〇年代から国際政治の世界で頻繁に用いられるようになった。……こうして、『帝国』という言葉によって、過去と現在、そして未来もまた、いとも容易く結びつけられてしまった。……まさに、帝国は時代を超える、のである。」

米国を中心とする世界秩序を考える上で、大英帝国史も現在のグローバリズムを位置づけるなかで登場するわけであり、その関係で、大英帝国に生きたギボンのローマ帝国史観も容易に再生しうるのである。井野瀬は「帝国を語るということ」について、「問題はどこから何をどうやって語るかなのだが、それは大英帝国のみならず、あらゆる帝国に共通する問題である。この同じ課題を共有しているがゆえに、帝国を比較し対話する意味も、一国史では捉えきれないものを帝国史が捉える可能性も生まれる。その対話のなかでこそ、帝国を超える試みもはじまる」と述べる。

経済学、とりわけ、国際経済学を論じる者にとって、帝国論とは、アジア経済のダイナミックな発展のなかで日本経済がすでに衰亡の過程に入っているのかという問題としても容易に再生されうる。事実、再生されてきた。

また、経営学を論じる者にとって、帝国とは経営規模の大きな組織、とりわけ、大企業などのマネジメント問題として容易に再生されうる。また、アジア、とりわけ、中国やインドなどの成長を続ける企業群との比較において、日本の大企業や中小企業の盛りをすぎた組織体の再活性化の問題としても再生しうる。事実、これも再生されてきた。

いずれにせよ、そうした課題の設定は、かつては一九八〇年代に米国において盛んに論じられたものでもあった。米国では、高い成長を続け、世界市場でシェアを伸ばし続けた日本企業への関心と、それに対抗する米国企業の再生問題が浮上した。当時のレーガン政権の抱えた「強い米国の復活」という政治スローガンに象徴させることも可能である。

かつて英国経済は世界経済のなかで大きな位置をしめていたが、第一次大戦以降、米国経済が大きな成長をみせるなかで、それまでの英国を中心とした世界経済秩序の変容が促された。こうした歴史の大転換——当時の人びとがどの程度感じていたかは別として——のなかでジョン・メイナード・ケインズ（一八八三〜一九四六）などは新たな世界経済秩序の経済学を模索したが、ケインズ自身は英国経済の行く末——再浮上——を強く意識していたのである。

同様に、ギボンもまた、属国——植民地——であったはずの米国の独立運動を強く意識しつつ、大英帝国の歴史が転換期にあったことを感じて、あるいはその命運をはるか昔のローマ帝国の歴史に重ね合わせて『ローマ帝国衰亡史』の執筆に膨大な時間を費やしたのである。

ギボン自身がローマ帝国の歴代皇帝——むろん、すべてではないが——の「マネジメント」——統治——能力にかなりの紙幅を費やしたのは、国会議員として当時の英国の政治指導者に接していたからであろう。

ギボンの著作と同時期に、国民国家の行く末を経済力という視点からとらえた著作も発表されていた。たとえば、すでに紹介したアダム・スミス（一七二三〜九〇）の『国富論』（一七七六年刊）である。『国富論』の三年前に、ギボンの『ローマ帝国衰亡史』第一巻が刊行されていた。わたしたちは見過ごしがちだが、この二人は同時代人なのである。

スコットランド人としてのスミスは、英国人のギボンとは異なる国家意識と歴史観をもっていたかもしれないが、一七三七年生まれのギボンの方がスミスより一四歳ほど若いとはいえ、同じ時代の空気を吸っていたということで、二人には類似点が多いのである。

スミスのほうは国家が国民国家という大組織で成立しつつあった時代において、その維持と発展を、これまた生まれつつあった「経済学」という視点から、米国のみならず他の欧州諸国の盛衰を意識して描いている。

人はだれでも、自らの置かれた組織の命運に個人のそれを重ねつつ、歴史に事例をたずねる。それは現在という時間と空間を強く意識した上でのことになるのである。

歴史家や歴史学者のみならず多くの人にとって、歴史とは時間と組織との関係史なのである。ここでいう時間とは外部環境の変化のことでもある。ローマ帝国にとっては、それはかつての属州といわれた地域との勢力均衡の変化などである。他方、組織といった場合はそれを維持している構造のことである。それは単に官僚制など組織維持の機能のことだけではなく、ギボンが繰り返し描いた人の精神、モラル、帝国が掲げた帝国そのもののあり方なのである。

ギボンは帝国が掲げたビジョンなどの衰えで、その組織を構成する人びとの精神やモラルが低下することこそが帝国を内部から崩すものとして見ていた。何度も強調したように、組織とは外部から崩されるものではなく、内部から崩れることを主張しているように思える。それは地中海地域においてローマ帝国の勢力拡大に抗したカルタゴのハンニバル・バルカ(前二四七~前一八三?)にも関係している。

ハンニバルの勇名をローマ帝国内にとどろかしたのは、彼が現在のスペインを勢力下に置き、雪のアルプスを越えてローマ帝国に軍事的圧力を加えたことによる。もちろん、ローマ軍も指をくわえてハンニバルの進軍を見ていたわけではなく、ハンニバル軍を押し返そうとした。両軍はトレビア河を挟んで激突することになる。ローマ軍は正規・同盟軍合わせて歩兵は四万人ほど、他方、ハンニバル軍は四万人を切っていたといわれるが、戦力的には双方互角といってよい。

そうしたなかで、ハンニバル軍が勝利したのは、兵隊たちの戦闘能力もあるが、兵隊たちを率いたハンニバル将軍の指揮能力の高さに因るのである。この戦闘での勝利が、ハンニバルという存在をローマ帝国に印象づけたに相違ない。

将軍としてローマ帝国軍に勝利し、政治家としてローマ帝国軍の敗戦処理にあたったハンニバルの卓越した手腕は、ローマ帝国市民にも好印象を残したようである。ローマ史研究者の長谷川博隆は『ハンニバル―地中海世界の覇権をかけて―』で、そのときのハンニバル将軍をつぎのように描いている。

「勝利後のハンニバルの姿勢は、外見的にはまことに人間味溢れるものであった。倒れた敵の執政官の遺体を探し出して、恭しく軍人らしく葬るようにとの指令を下した。ところが遺体は結局見つからなかった。……ローマと同盟関係にあるイタリアの都市の成員の捕虜をすべて解放し、故郷に帰した。……（ハンニバルは―引用者注）捕虜たちに向って次のようにいった。『自分はただローマに対して闘っているのである。決して、ローマとの同盟を強制されたイタリア人、抑圧されたイタリア人と闘っているのではない』と。この心理作戦の効果は、戦場での勝利以上のものがあった。軍事的な勝利のための第一歩にすぎないのである。事実、この後のハンニバルは、剣の力よりもイタリアの諸都市の有力者もしくは有力グループとの結び付きを密接にして、かつ拡大しようとする。」

政治史研究者は、ハンニバルの軍隊指揮者としての卓越した能力よりも、むしろその鋭い政治感覚を賞賛する。だが、軍事研究者たちは、ハンニバルは予期せぬ敗戦に狼狽するローマ帝国中心部へとなぜ一挙に進軍しなかったのかという疑問を呈するだろう。軍事的視点からみれば、ハンニバルはローマ軍に壊滅的打撃を与えることができたかもしれなかったのである。ハンニバルの騎兵隊指揮官もそのように進言したようである。

だが、カルタゴから遠く離れて布陣したハンニバル軍の兵站が伸びきっていたことも事実であり、ローマ帝国の同盟国に囲まれた場所での一か八かの戦いの代償がいかに大きな犠牲を伴うものとなるかを知将ハンニバルは知っていたに違いない。

むろん、このときに、ハンニバルがローマ帝国を徹底的に叩いていれば、その後のカルタゴの運命、さらにはハンニバルの命運も異なっていたかもしれない。だが、ハンニバルがそのように一か八かで戦って敗れていれば、カルタゴの衰亡はもっと早く来ていたのかもしれない。歴史における「もし……であれば」の古典的命題がそこにある。ただ、いえるのはカルタゴ軍の強さはハンニバルという指導者の器によったことである。

ところで、ローマ軍はローマ市民たちによって組織され、ローマは自らが護るという強い意識に支えられた軍隊であった。また、つねに戦闘があったわけでもなく、市民たちは兵役期間が終われば、一部の将官は別として普通の市民生活に戻ることができた。

この自らを護るという意識を軍隊組織の分析において重視したのは、自らも軍隊編成など軍政にかかわったマキアヴェリであった。マキアヴェリは『戦術論』で「職業軍人こそが国を亡ぼす」ことを、アウグストゥス――オクタビアヌス――の時代にまで遡りつぎのように強調している（浜田幸策訳『マキアヴェリ戦術論』）。

「オクタビアヌスが、つづいてティベリウスが公益のためより自己の権勢のことに気を配るようになってからというものは、自分がローマ人たちをより容易に支配しうるようにするために、またローマ帝国の歩兵軍団を永続的に維持するためローマ人の武装解除に着手しました。……近衛師団（プレトリアノ）とよばれる将軍直轄軍団を編成しました……これらの兵士たちはそのうちローマ人にたいして威張るようになり、それどころか、彼らは元老院にとって危険千万なものとなり、ローマ帝国にとっても有害なものとなりました。その結果、多くの皇帝が彼らに殺害されたり、彼らが皇帝を選任したりするまでになりました。それで時には、同じ時代の中で、さまざまな軍団によって選出された多くの皇帝が存在することもありました。そしてここから出てくる帰結は、まずローマ帝国の分割であり、さらにその滅亡でありました。」

だが、ローマ帝国の領土が拡大するにつれ、ローマ市民のみによって強力な軍事組織を維持することはますます困難となっていった。カルタゴなど周辺国との戦闘が長期化すれば、志願制による職業軍人を増やし、つねに一定の兵士数を維持せざるを得なくなった。

志願制になれば職業軍人への帝国予算は増加していくことになる。そして、カネによって雇われた兵士のモラルを、いつ起こるかもしれない戦争に備えるためにいかに高いものに維持しておくかが重要になってきたのである。

軍隊組織は単に兵士の数という量的充足だけで戦闘能力が向上するわけでは決してなく、その質的充足がますますローマ軍の中で重要となっていった。組織のモラルが時間の経過とともに低下することを防ぐには、前章でも指摘したように組織内に緊張感を持ち込むことが必要となる。組織は野菜のようなものかもしれない。最初は新鮮でイキイキしていても、やがて時間の経過とともに腐っていく。それを防ぐにはどうすればよいのか。組織において、指導者やその下での成員のモラルの問題が問われるのはそのためである。

そうしたことは、ハンニバルが率いたカルタゴ軍だけではなく、カエサルが率いたローマ軍にも共通していた。とりわけ、カエサルの『ガリア戦記』にもあるように、当時としてもきわめて長期にわたったガリア遠征でローマ軍の士気は落ちることはなかった。カエサルや、カエサルを支えた指揮官クラスの能力がきわめて高かったからに違いない。

作家の塩野七生は、『ローマ人の物語―パクス・ロマーナ（中）―』で「ローマ軍の質の保証はまず、指揮官クラスの質の保証でなければならなかった。兵士たちは、自分たちを率いる将官の能力に敏感である」と指摘した上で、ガリアでのカエサル軍の強さをつぎのように分析してみせている。

「十三年もの間闘いつづけたカエサルの戦士たちも、戦季である春に軍務について、秋には帰郷を申し出たとしても、総司令官には兵役続行を強制する法的権限はなかったのである。それが続行できたのは、この人々（カエサルや彼の指揮官たち―引用者注）がもっていた強烈な指導力にあった。豊かな戦利品を期待できたオリエント諸国や海賊を相手にした、スッラやポンペイウス下の兵士たちはまだよい。だが、カエサル下の兵士たちは大変だった。未開発ゆえに貧しいガリアでは掠奪するに値するもの自体が少なく、その後はローマ人同士の闘いだからといって、総司令官からは掠奪厳禁の命が下る始末。その代わりにカエサルは、年給の七〇デナリウスを一四〇に倍増したが、地中海世界を縦横に転戦するカエサルに従いて行くには少なすぎる報酬だった。それでも従って行ったのだから、給料をもらって働くだけが戦士ではないのである。」

最前線で生命をかけていた兵士たちにとって、カエサルという人物は魅力があったのであろう。それだけに、その跡を継いだアウグストゥス――カエサルの姪の息子――は、カエサルのようなカリスマ型リーダーシップでは軍隊を維持できないことを熟知していたと思われる。自分に不足する能力を自覚し、それに対峙できることもまた大きな才能である。アウグストゥスの賢さである。

アウグストゥスがローマ軍の改革に取り組んだのもそのような自覚からであろう。領土拡大が一段落したローマ帝国にとって、重要となるのは防衛である。そのためにローマ軍を常備軍としつつ、防衛戦が主となる戦争では掠奪というボーナスが期待できない以上、兵士の給料体系の見直し、兵士を辞めた後の退職金などの制度改革に乗り出している。有事の際の指導者の器と、平時の際の指導者のそれとはまた異なるのである。

アウグストゥス帝にとって、その役回り——自分で選択したわけではなく、そうした歴史的な流れにあった——を引き受ける上で重要であったのはローマ帝国という組織をどのようにして長持ちさせるかであった。ローマ帝国という組織を時間の経過とともに朽ちる食物のようにしてはならないために、どうすればよいのか、どのような制度整備が必要であるかという課題にアウグストゥス帝は頭を悩ましたのである。この構図は、偉大な創業者の下で大成長を遂げ大企業となった組織を継承した二代目以降の経営者たちの課題でもある。

『ローマ帝国衰亡史』を振り返れば、そこにはカエサルやアウグストゥスも含めさまざまな皇帝が登場する。そこで、ギボンが描こうとしたのは、内部に雑多な集団を抱える大組織の維持・存続をはかろうと悪戦苦闘した、ローマ帝国皇帝の姿であった。

ギボンが遠くローマ帝国に、大英帝国の命運を見通そうとしたのは、欧州社会において国民国家というそれぞれに小さなローマ帝国が誕生し、それらがアジアやアフリカの諸国、米国という植民地との関係でどのような運命を辿るのかや、また、当時の米国植民地問題や欧州の強国となったフランスなどとの関係を強く意識していたからであった。それは同時代人のアダム・スミスとて同様であった。

ギボンとスミス

先にエドワード・ギボンとアダム・スミスの同時代性と、両者が、ローマ帝国の歴史的変遷のなかに大英帝国の行き先を重ねてみていたことを論じた。それは、スミスが『国富論』のなかでローマ帝国について言及していることからもわかる。具体的には、スミスは第三編でローマ帝国とそれ以降の時代についてふれている。ちなみに『国富論』（水田洋訳）の目次はつぎのようになっている。

第一編　労働の生産力の改良、および労働の生産物が国民のさまざまな階層のあいだに自然に分配される秩序について

（各章は略）

第二編　貯え（ストック）の性質と蓄積と用途について

（各章は略）

第三編　さまざまな国民における富裕の進歩のちがいについて

第一章　富裕の自然的進歩について

第二章　ローマ帝国没落後のヨーロッパの旧状での農業の阻害について

第三章　ローマ帝国没落後の諸都市の発生と発達について

第四章　都市の商業はどのようにして農村の改良に寄与したか

第四編　政治経済学の諸体系について

（各章は略）

第五編　主権者または国家の収入

（各章は略）

第一篇と第二編でスミスは労働と分業の関係における富の蓄積を論じ、第三篇ではまず、都市と農村の利害は一致するのであって両者の関係は相互・互恵的であるとみている。分業についても「分業はこのばあいも、他のすべてのばあいと同様、細分されたさまざまな職業に使用されるさまざまな人びとのすべてにとって有利なのである。農村の住民は、もし自分で製造品をつくろうとすれば使用したにちがいない労働量よりもはるかに少量の労働の生産物で、より多量の製造品を町から購買する」と論ずる。

スミスは都市と農村間の分業の成立は市場を通じて成立することを説き、資本が農村における土地改良と耕作に投じられることによって両者の分業関係がさらに発展することを見通しているのである。スミスの視点は重商主義思想の中にあった「商業資本家」ではなく「産業資本家」のそれである。スミスはつぎのように述べる。

「利潤が等しいか、ほぼ等しいばあいには、たいていの人は自分の資本を、製造業または外国貿易に使用するよりは、むしろ土地の改良と耕作に使用するほうを選ぶだろう。自分の資本を土地に使用する人は、貿易商人にくらべて、資本を自分で監視し左右することができ、彼の財産は偶発事故にさらされることがはるかに少ないが、貿易商人は財産を、しばしば風雨にさらすばかりか、遠方諸国の性格も境遇も完全にめったに知りえない人びとに大きな信用を与えることによって、人間の愚行や不正というういっそう深実な要素にもさらされざるを得ない。これに反して自分の土地の改良に固定されている地主の資本は、人間的事象の性質上許されるかぎりの安全を保障されているように思われる。」(『国富論』)

スミスにとって勃興しつつあった都市と農村との分業関係の発展が、「諸国民の富」の促進につながる自然な法則であったのである。スミスが「もし人間の諸制度がものごとの自然のなりゆきを攪乱することがけっしてなかったならば、どの政治社会でも、町の富裕化と増加が、領土または国土の改良と耕作の結果として、またそれに比例して、生じるだろう」と指摘するのは当然であった。

反面、大帝国の成立を支えていた米国の植民地では、遠隔地には未耕作の土地があり、製造業には資本は投下されず、スミスのいう都市と農村との分業は形成されているとはいい難かったのだ。分業という関係は、未耕地をもつ国とそうでない国との関係では、むしろ工業製品の貿易関係であった。

そうした関係の下では、「ものごとの自然のなりゆき」とは、「発展しつつある国の資本の大半は、まず農業に、のちに製造業に、そしてすべての最後に外国貿易に向けられる。ものごとのこの順序はきわめて自然なものであった、……それらの都市が外国貿易にたずさわることを考えつくようになるには、そのまえに製造業に属するある種の粗末な産業がそれらの町で営まれている」ことを示唆した。だが、現実にはスミスはそうした自然のなりゆきが自然に行われていたわけではなく、風習や慣行が「不自然で逆行的な順序へそれらの国を押し込めた」ことも知っていた。

なぜ、スミスはそうした「自然の成り行き」＝空間的分業関係の成立を述べた後に、ローマ帝国論を展開したのだろうか。スミスはローマ帝国の没落の意味をつぎのようにとらえている。

「ゲルマンとスキタイの諸民族がローマ帝国の西部諸属州を侵略したとき、それほど大きな変革につづく混乱は、その後いくつもの世紀にわたった。蛮族が古くからの住民にたいして行った略奪と暴行は、町と農村のあいだの商業を途絶させた。町は見捨てられ、農村は未耕のまま放置され、ローマ帝国のもとでかなりの程度の富裕を享受していたヨーロッパの西部諸属州は、最低度の貧困と野蛮におちこんだ。」(『国富論』)。

このスミスの指摘は、ローマ帝国の支配下の欧州社会のほうがむしろその後の中世のころよりも「近代的」であったといわんばかりである。ただし、ローマ帝国の衰亡のあとに生まれた中世欧州社会における耕作地などにおいて、「後継所有者中のだれかの愚行や不運によって、予定されていた家系以外に移されてしまうことを防止するために、導入された」限嗣相続＝長子相続法については、「ローマ人にはまったく知られていなかった」とされた。

そのようにして土地が世代を超えて継承されても、とりわけ、大土地所有者が耕作や改良に必ずしも熱心であったわけではなく、「ローマ帝国の没落後は、土地所有者は一般に、自分たちの所領内の防備を固めた城のなかで、自分たちの借地人や従者に囲まれて住んでいたように思われる」とスミスも述べているように、都市と農村の分業体制はすんなりと形成されたわけではなかったのである。

自分たちの所領内の防衛に熱心であった人たちは、周りの農村の生産性や製造業に熱心であったわけではなく、遠隔地貿易などから得ることのできた商品に興味を示した。これでは、自国経済の発展は困難である。このことからも、スミスはローマ帝国の版図から大英帝国と米国植民地との関係を思い浮かべていたことと思われる。

ただし、ローマ帝国と属州の関係は、大英帝国と米国植民地とのそれとは明らかに異なる。大英帝国はローマ帝国になりえないことを、大英帝国に組み入られたスコットランドの視点からもスミスは理解していた。そのうえで、ローマ帝国の興隆と衰亡の後の欧州諸国について、すなわち、「ゲルマンとスキタイによって解体されたローマ帝国の後に残された貧困、野蛮、混乱の続いた」と述べている。スミスは欧州諸国における諸国民の富がどのように蓄積されるべきかを論じていたのである。

いま、わたしたちは日本だけではなく、多くの国において経済活動や人の移動が緊密に張り巡らせた時空に生きていることをつよく感じるようになっている。その結果、むろんローマ帝国の時代とは異なるが、共通的価値観、共通通貨、共通言語などが必要となっている。

見えざる帝国論

現在、すべてのことがややもすればグローバリズムで語られるが、そこに確固とした未来観が開陳されているわけではない。真のグローバリズムとはローマ帝国が示した正の遺産をどのようにわたしたちが引き継ぐのかをめぐってのきわめて現代的な課題なのである。この意味では、ローマ帝国の歴史はいまにいたるまで時間的に継承されてきたグローバルな組織論なのである。

最後に組織と時間の関係を、わたしたちの経済にひきつけておく。

一九七〇年代に米国のみならず、日本でも——米国での論議の影響を受けてであるが——、「見えざる帝国論」が登場している。この中身は、米国の「多国籍企業論」である。これは、一九七三年に当事のニクソン政権の『米国多国籍企業報告書』という千ページ近い浩瀚な調査報告書の発表をうけて、経済ジャーナリストから経済学者や経営学者にいたるまで、巨大化＝帝国化した多国籍企業の世界経済への影響力の大きさに驚いたからにほかならない。

石川博友は『アメリカの産業と企業』で、それまでは多国籍企業といえば欧州系企業であったのが、一九七〇年代から米国企業の代名詞となるにいたった経緯についてつぎのように指摘する。

「歴史的にみると、いわゆる多国籍企業は、まず欧州を舞台にして出現した。例えば、イギリスとオランダにそれぞれ本社を置く、ロイヤル・ダッチ・シェル、ユニリーバーやスイスのネッスル（ネスレ—引用者注）がその代表例である。これらの大会社は自国市場が狭かったから、成長し巨大化するにつれて、国境を越えて欧州市場さらには世界市場へ進出する必要があった。このため、これら企業は、早くも第二次大戦前から、国境を越えて企業活動拠点を築き、多国籍展開を行った。しかし、アメリカ企業は、広大な国内市場を抱えていたため、国境を越えて企業活動を行うのが遅れた。」

たしかに、日本でもなじみ深い米国企業で戦前から進出していたのはフォードなど一部である。これは米国国内市場の大きさによる。他方、国内人口が少なく小さな国民経済を形成していたスイスやオランダなどはそのビジネスの範囲を最初から国外に求めて当然であった。こうした諸国では、小さな経済が大きな企業を生んだのである。

一九七〇年代に注目を浴びた米国の多国籍企業をみると、大きな国内市場を背景に早期に大量生産体制を築き、国際競争力が圧倒的に強かった耐久消費財分野、中間財分野、資本財分野で多国籍化した企業が目立っている。米国企業が買収を通じて多国籍化を図ったのは、投資効率の点において、一から販売拠点や製造拠点を作り上げるよりは優れていたからであったことはいうまでもない。見えざるではなく、見える世界的組織＝帝国となった米国企業は、戦後復興しつつあった欧州諸国の有名企業を買収することで、各国の関心と経済ナショナリズムを呼び起こすことになるのである。

多国籍企業の今後の方向は、国境を越えた吸収合併競争を呼び起こし、それぞれの国民経済にどのような影響を及ぼすのだろうか。かつて、欧州諸国の企業が多国籍化し、次いで米国の企業が、さらに日本の企業、韓国などの企業も多国籍化し、やがて中国の企業などもまた確実に多国籍化していくだろう。

そのように国境を越えた巨大企業という組織は、時間の変化とともにどのように変容していくのだろうか。また、そうした多国籍大企業はわたしたちの国民経済、さらには地域経済にどのような影響を与えるのだろうか。そして、多国籍化しえない大多数の国内型中小企業はどのような変容を迫られるのだろうか。

ギボンの描き出した『ローマ帝国衰亡史』は、その人間臭い皇帝史という枠を超えて、ローマ帝国というグローバル組織が変容し、中世欧州社会を生んだように、現代のグローバリズムがこれからの世界の行方をどのように変容させていくのか、その先にどのような社会が形成されるのか、を否応なくわたしたちに思い起こさせるのである。

『ローマ帝国衰亡史』の初版が刊行されてからすでに二世紀が過ぎようとしているにもかかわらず、いまもこの書が読まれている最大の理由は、すでに何度も強調しているようにその正確な通史の内容にあるのではない。どのような通史にもいえるのだが、新たな遺跡や文献が発見されるたびに、個々の歴史的内容は書き換えられていくのが常であり、ギボンの場合も例外たりえない。にもかかわらず、いまも多くの読者をひきつけているのは彼の組織観とその背景にある彼の人間観や人間論なのである。

この意味では、人間というのは変わるようで、その本質は全く変わるものではないともつくづく思えるのである。ギボンの示唆する組織崩壊に抗するもう一つの選択は、さまざまな問題を抱える現代のわたしたちにとって生きた教訓のようにも思えるのである。

『ローマ帝国衰亡史』の中に通奏低音のように響く人間臭さには、エドワード・ギボンその人の生い立ちや、生き方を通じて形成された彼自身の人間観が深く静かに反映されているに相違ない。ギボンのそうした人間観は、大学で歴史学などを専攻したわけではなく、むしろオクスフォード大学のアカデミズムに背を向けた自学自習の精神によって築かれたことは彼の『自伝』（*）からも明らかである。

＊『ギボン自伝』——ギボン自身が晩年に書き始めたが、生前に出版されたわけではなく、彼が死去した一七九四

年の翌年にシェフィール編集による『エドワード・ギボン―自伝と遺稿集―』というかたちで刊行された。

ギボンは『自伝』（中野好之訳）で、「フッカーやチリングワスやロックが彼らの大学教育から具体的にどんな利益、どんな報酬を引き出したかを特別に吟味する気持ちもない……ただし私個人としては残念ながら、この子としての讃むべき孝心の模倣ができない。私自身はもともと負うてもいない学恩を喧伝することで正当なもしくは殊勝な報恩の美徳を衒うつもりは全くない」と述べたうえで、つぎのように大学時代を振り返っている。

「私はオクスフォード大学に負う何の恩義を承認しないし、私がこの母校を進んで拒絶しようと思うのと同様に大学の側でも進んで私の卒業生たる資格を拒絶するであろう。これは私の全生涯の中で最も怠惰かつ無為に過された十四ヶ月であった。……私は自分の生まれつきの才能が一切の文芸的な勉学に不適格だった、と信ずる素振りはできない。」

大学嫌いとなったギボンは大学を去って――正確には追い出され――、父親の勧めでスイスのローザンヌへ向かった。その結果、ギボンは人間観察といっていいような自学自習の生活へと旅立つことになる。ギボン一六歳のときであった。彼は『自伝』でこのローザンヌでの生活のことを「私が今日有する才能もしくは学殖或いはその一切がローザンヌにおける産物である」と振り返っている。その後、帰国し、『ローマ帝国衰亡史』の執筆――むろん、紆余曲折があったが――に取り掛かることになる。

執筆の直接動機についてはすでにふれたが、ギボンが『自伝』にも述べたようにイタリア旅行中にローマの廃墟を前にして思いついたようである。実際にはその間、ローマ帝国に関するさまざまな著作の持続的な読書という底流があったからであろう。ギボンは『ローマ帝国衰亡史』第一巻の執筆着手のころをつぎのように回想している。一七七三年二月のころである。

「私はこの著述の題名、つまり『帝国の衰微と滅亡』の正確な時期、諸論の範囲、それぞれの章の編成、叙述の順序等々、すべてがお先真っ暗の手探り状態であった。それ故に私は一再ならず七年間に及ぶ労作を放擲する気持ちに駆られた。著者の文体は彼の内心の鏡であるべきだが、惜辞の選択と駆使は訓練の賜物である。私が退屈な年代記と修辞的な名調子の中間を狙い当てるまでには数多くの実験が重ねられ……それ以後の道中では私はもっと滑らかに均等な歩調で筆を進めた。……私の『衰亡史』なる題名は極めて弾力的なものなので、その下限をどの時期に設定するかは私が自由に決定してよかった。そして私は長い間、自分が公衆への最初の約策をともかく実現した西ローマ帝国までの全三巻で満足すべきか否か迷っていた。」

余談であるが、わたしなどは、自分の専門分野でたかだか百年、一世紀ほどの通史を書いただけにすぎないが、ただしそれまでまとまった通史がなかったために年代策定など「すべてがお先真っ暗の手探り状態」というギボンの気持ちや、「七年間に及ぶ労作を放擲する」――私の場合は八年間であったが――気持ちがよく理解できる。(*)

＊　たとえば、日本についてはつぎの拙著を参照。寺岡寛『日本の中小企業政策』有斐閣（一九九七年）、同『中小

企業政策の日本的構図―戦前・戦中・戦後―』有斐閣（二〇〇〇年）、同『中小企業と政策構想―日本の政策構造をめぐって―』信山社（二〇〇一年）、同『通史・日本経済学―経済民俗学の試み―』信山社（二〇〇五年）。

先にギボンの問題提起や歴史感覚、その背景にある人間観に現在のわたしたちも深く共鳴できることを述べた。むろん、いまに生きているわたしたちの世界は、古代ローマ帝国のような一極中心のグローバリズムではなく、米国を中心としつつも、欧州諸国、そして日本や中国などのアジア諸国など多極的な中心が形成されつつあるグローバリズムの時代へと向かいつつある。

現在のグローバリズムとローマ帝国の縮図拡大というグローバリズムを同義的にとらえることなどできないことはいうまでもない。だが、本書で何度も強調したように、組織論という面からみれば、組織の拡大とともにその作用と反作用が問題として浮上することは、時代を超えてきわめて普遍的なもので、そこではまことに人間臭いドラマが展開されてきた。

はるか過去にあったローマ帝国という大組織の維持運営に苦慮した人びとはわたしたちにとってきわめて身近な存在として感じることができる。世界秩序も経済面だけではなく、政治面などさまざまな面において従来以上に多極化するなかで、ローマ皇帝を含めローマ人の営みがわたしたちにとって参考になる、と少なくともわたしは思う。

一方で、ドイツ人歴史学者のオズワルド・シュペングラー（一八八〇～一九三六）などは、このような単純な比較を強く諫める論者の一人であった。シュペングラーは『西洋の没落―第一巻　形態と現実と—』で「われわれと内的にまったく関係のないギリシャ・ローマ的な事実の現象に、今日の流行語であるところの社会主義、印象主義、資本主義、聖職権利主義などの語をつける場合には、なかば皮相的」になることを指摘する。

皮相的になる理由には、見る側と見られる側の双方の問題がある。見る側でいえば、ローマ帝国研究者など現在に生きる人びとはどうしても現在という環境にすでに大きな影響を受けており、現在から過去を見てしまうことである。シュペングラーの言葉でいえば、「ギリシャ・ローマの歴史叙述のすべての優れた著者は、その著者の政治的現在に極限されている。これは、われわれの歴史的傑作が例外なく遠い過去を取り扱っているのとは全く反対である」という指摘である。

他方、見られる側であるローマ帝国については、正確な正史はないのであって、そこに神話的世界——伝説——が展開していることは否定できないことである。シュペングラーは「ペルシャ戦争までのギリシャ・ローマ史はもとより、また伝説にもとづいてずっと後の時期に生じた歴史の組み立ても純粋な神話的な思考の産物である。……ハンニバル以前のローマ史を制作することは、カエサル時代になっても、まだまだ止まなかった。……カエサル時代に知られていた二五〇年以前のローマ史が根本的に贋物であって、われわれの確定したわずかの事柄が後期ローマ人には、全然未知のものであったということとほど、西洋の歴史感とギリシャ・ローマの歴史感との対立をよく示すものはない」と分析する。

ローマ史もまた世界の多くの地域の古代史と同様に神話に彩られたものであり、その歴史感（あるいは歴史観）は当時の人びとの時間感覚に縛られたものである。だが、それは現在に生きるわたしたちにとっても同様なのである。徳についてみた場合、現在がローマ時代よりもはるかに進歩した時代なのかどうかは当然問われてよい。シュペングラーも「ギリシャ・ローマ文化についてのわれわれの見解は、いつでも二つの極端の間に動揺していた」ととらえた上で、つぎのように指摘する。

第一の見解――「経済学者、政治家、法律家のようなとくに公的生活の人々の抱くところのものであって、『今日の人類』が最上の進歩のうちにあるとして、これを非常に高く重んじ、これによって何でも初期のものを計るのである。」

第二の見解――「芸術家、詩人、文献学者、哲学者などの抱くもので、彼らはこの意味の現在に満足しきれないので、ある過去のなかに同様に絶対的な立場を占め、そうしてその立場から、同様に独断的に『今日』を批判するのである。一つはギリシャを『まだ』と見、もう一つは近代を『もうない』と見る。」

シュペングラー自身はこの二つの見解がもたらす危険性について、一つは「物わかりのいい浅薄さ」であると指摘する。要するに、わたしたちにとって社会的に、経済的に、政治的に理解できるものを真実として、その他理解が困難なことはすべて「二次的」なものとして済ませてしまうことである。これはさらに過去を美化し、理想化してしまう危険がある。この意味では、わたしなどは、ローマ帝国の政治や制度、さらには法律などを別段理想的であったと思わない。ただし、ギボンが熱心に取り上げたローマ皇帝やその周辺の人たちの組織観などは、時代を超えて、人の集団としての組織や構成原理に、共通する何かを強く感じる。

一方、ローマ帝国を取り巻く外交や戦争、さらにはそのさまざまな影響については、多くの解釈がある。わたしのようなローマ史の専門家でない者にとっては、専門家の現在も続けられている研究成果に負わざるをえない。なお、シュペングラーは、ギリシャ人とローマ人をどう理解するかについて、「ギリシャ人を理解するには、その経済的関係を論じなくていい。ローマ人を理解するには、ただ、これによるほかはない。理念のための戦いは、カエロネヤとライプチヒとが最後である。第一次ポエニ戦役と普仏戦争とにおいては、もはや経済的動機が看過され得ない。実際的なエネルギーのあるローマ人は始めて、奴隷所有に巨大な様式を与えた」と述べた上で、そうしたローマ的世界の地域的拡大現象をつぎのようにとらえてみせる。

「ローマの世界支配とは消極的な現象であって、一方における力の過剰——ローマ人のザマの後には、もはやそれを有していなかった——の結果ではなく、他方における抵抗の不十分の結果である。ローマ人は世界を征服したのではまったくない。彼らは誰の手にでも落ちる獲物を、獲得したに過ぎない。ローマ帝国の成立は、むかしカルタゴに対した場合のように、あらゆる軍事的な、また、財政的な手段を尽くした結果によるものではなく、ギリシャ・ローマ的東方が外部の自己決定を放棄した結果によるものである。輝きわたる軍事的成果という外貌に欺かれてはならない。……ローマ人はザマの開戦の後では、もはや大強国と戦ったことはなかったし、また戦うことができなかったのである。」（『西洋の没落』）。ゆえに、エドワード・ギボンは「ローマ帝国の興隆史」ではなく、『ローマ帝国衰亡史』によって、外的拡大のエネルギーを喪失した大組織において、そうしたエネルギーが内部転換するなかでのローマ人の物語を書こうとしたのである。

巨大組織の寿命

エドワード・ギボンが四苦八苦しながら描き出したローマ帝国の盛衰をめぐる組織論は、組織が巨大化するなかでそれを維持するには、当初とは異なったリーダーの登場と手腕、さらにはその下での組織原理が必要であることを示唆している。ギボンの組織論は、小さな事業から創始されたとはいえ、その後、大きく成長して大規模組織となった巨大企業などにおいて組織を健全に、かつ活性化させつつ維持することがいかに困難かも示唆している。それは企業という経済主体だけではなく、巨大化した政府機構、欧州連合（ＥＵ）のような統合機構、あるいは、事実上の政党連合である日本の民主党などの政党においてもあてはまり、わたしたちはギボンが炯眼の士であったことに気づかされるのである。

ギボンが『ローマ帝国衰亡史』で描いたように、巨大化した組織においては、その存在の正当性――いまでいえば、社会的使命――などを明確に示したビジョンを掲げたリーダーの登場がなければ、内部から崩壊する危機が醸成されるのである。むろん、当時、「歴史家」ギボンが現在のような企業組織やマネジメント、さらには世界経済のあり様を強く意識して、『ローマ帝国衰亡史』の完成に心血を注いだわけではない。だが、二世紀以上の時を超えて、わたしたちがローマ帝国の盛衰を分析するギボンを身近な人物と感じることができるのは、組織観察者としてのギボンの感覚とその人物観が実に優れていたからであり、今という時点においてもその輝きを喪失していないからであろう。

先にふれたように大きくは国家組織や政府機構、小さくは私たちの周りにあるさまざまな企業など、どのような組織であれ、組織にはやはりそれなりの寿命と盛衰があり、その変容に応じた新たな編成原理の登場が迫られることを強く示唆しているのではあるまいか。

徒手空拳から家電事業を立ち上げ、世界的な家電企業を築いた著名な経営者もまた、巨大組織を常に活性化させつつモラルの高い機関として維持して行くことの困難さを随所で語っている。彼はいう。「従業員が一人なら、なにも言わなくてもわかる。一〇人なら命令すればよい。一〇〇人なら教えることが大事。一、〇〇〇人なら願うような気持ちで接することが大事。では、一万人を超えたら、祈ることが大事だ」と。いまや、この多国籍企業は全世界に三十数万人を雇用しているのである。わたし自身も、急成長した事業分野の創業経営者数人から同じような経験を聞いたことがある。

また、わたしがここ十数年来調査を行ってきたフィンランドでも、たとえば、オウル市のＩＣＴ――Information and Communication Technology――分野で世界的企業となった技術担当役員や、タンペレ市の半導体レーザー分野において、ベンチャー企業として短期間で急成長し世界的企業となった創業経営者から、短期間で膨れ上がった組織を維持することがいかに困難であるかという指摘を聞いたことがある。

ましてや、多国籍化をさらに一層強め、世界経済に大きな影響力を及ぼすようになった巨大企業であればなおさらのことであろう。経済のグローバル化のなかで、ローマ世界の市民たちがその意識の変化を迫られたように、そこに働く人たちのみならずわたしたちもまた意識の変容を迫られている。

欧州全土や北アフリカなどへと拡張を続けたローマ帝国の衰亡の後に、欧州社会は中世という時代を迎える。膨張から一転分散化され、人びとの精神は内にむかい封建的地域社会が欧州で形成されることになる。ローマ帝国の拡大から解き放たれたエネルギーが内向きへと向かった時代であったのだ。ローマ時代をグローバル化の時代であるとすれば、中世はローカル化の時代であった。

それでは、わたしたちのグローバル化された社会の先にはいったい何が待ち構えているのか。統合化のつぎには新たな分散化の時代が再び来るのであろうか。その手がかりの一端についても、ギボンの著作から重要な示唆を得ることができよう。ローマ帝国の衰亡に思いを寄せ、わたしたちの周りにある巨大組織の寿命を考えることは、古い組織の再生とともに、新しい組織のあり方やその編成原理を考えることにもつながるのである。

ここ十数年来の日本のみならず世界各国の国民経済の動向を見ると、大企業間の巨大合併が起こり、国境の壁を越えて、超巨大企業――メガ・カンパニー――も成立してきている。そうした大型合併は鉄鋼などの素材分野やエネルギーなどの基幹分野のみならず、自動車や造船など輸送機器といった加工組立分野、わたしたちにもっとも身近な食品分野、さらにサービスや小売業といった分野でも起こっている。そして、金融・証券の分野でもまた巨大組織化の進展は顕著である。

そのような企業は、とりわけ食品の分野が典型的であるが、すでにそれぞれの市場でブランドが定着していることから、買収された企業名が変えられることはない。だが、その頂点には超巨大企業が位置しているのである。そうした合併劇は単に同一事業分野だけではなく、かつてのコングロマリットのような異業種間でも次々と進展してきた。こうした動きが、単に国内だけではなく、国境を越えて生じていることが、まさに経済のグローバル化の実態なのである。

そうした巨大組織のもつ正統性は効率性という面で主張され、また、合併による組織の大規模化は規模の経済性によってもその正統性が主張されてきた。だが、他方、資源の有効活用において、大企業などにより市場競争が制約を受けることによる非効率――いわゆるX非効率――が生じていることも否めない。

組織論からみれば、大規模組織における集中管理は必ずしも効率性を保証せず、むしろ分散的管理なくしては、とりわけリスク管理――この点は原子力発電所などを管理する大規模組織と地域の地熱、風力、潮力など自然エネルギーを管理する小規模組織におけるリスク管理をめぐって、今後さまざまな論議を呼ぶことになることは言を俟たない――を行うことはかならずしも容易なことではないのである。

振り返ってみれば、超巨大企業の成立について、かつては、市場での完全競争を阻害し、独占あるいは寡占を生み、やがて消費者利益を大きく損なうことが問題視され、多くの国において独占禁止法――反トラスト法――が成立してきた。日本でも独占禁止法によって独占企業の「弊害」が強く意識され、持株会社などにも規制が加えられてきた。だが、持株会社が「解禁」されるとともに、独占禁止法の運用の緩和がなし崩し的に進んだ。

かつては、市場での活発な競争こそが個別企業に活力を与え、技術革新が促進されると強調された。企業間の厳しい競争は、国内市場の急速な拡大のみならず、海外市場の拡大に支えられ、敗者なき市場競争が成立した高度経済成長期の特徴であったともいえる。それはローマ帝国の膨張を支えた、周辺地域との闘いにおける勝利とそれによる領土拡張の光景のようでもある。やがてローマ帝国がその拡大・拡張に終止符を打ち、帝国防衛の時期へと移ると、大組織としてのローマ帝国は血生臭い内部抗争の歴史を刻んでいくことになる。これについてはすでに第三章までの各章でとりあげたので繰り返すまでもない。

これを個別の国民経済やそこでの企業活動に引き寄せてアナロジー的にいえば、経済が高度成長から低成長へ移行し、あるいは小規模企業から大規模企業が成立するに従い、人びとの意識と活動が外部環境の激しい変動に対応することから、やがてそうした人びとのエネルギーは組織内部へと向かうことを示唆している。そこでは、人びとの関心はもっぱら組織内部のそれぞれの利害に基づく勢力維持——派閥——に向かい、その間に進展している外部環境の変化に気づかなくなり、やがて組織そのものの自壊を引き起こすことになる。

欧米諸国、とりわけ企業の社会的責任論（CSR, Corporate Social Responsibility）、企業統治論（Corporate Governance）、ステークホルダー論（Stakeholder）が盛んに論じられていた時期は、米国企業などのグローバルな活動が活発化し始めた時期であり、また、その後、エンロン社のように従来の巨大企業の活動が工業分野からサービス分野へと広がったことで、その活動がグローバル化のなかでますます不鮮明になった時期とも呼応するのである。巨大組織は外部からだけではなく、内部からもますます見えにくくなってきたのである。

わたしたちのまわりには巨大企業、さらには超巨大企業が成立してきた。だが、そうした巨大組織が成立しても、それを健全かつ公平・公正に維持することが果たして可能なのだろうか。大規模組織には明らかにそれなりの寿命があるのではなかろうか。ここでいう寿命とは組織そのものの自壊や消滅ではなく、かつてそうした組織を健全に運営させ活性化させた精神の喪失という寿命なのである。

現在、わたしたちの眼前にある持株会社などは、それまで市場で厳しい競合関係にあったライバル企業同士を合従連衡させ、より一層の大企業——超巨大企業——を成立させてきている。それは国内だけではなく、国境を越えて国外の企業を吸収合併することにより、一層の大規模企業を成立させている。そうしたなかで、ベンチャー企業や中小企業の意義が説かれつつあることに、ある種の皮肉と滑稽さを感じる人たちも多いことだろう。

さらに皮肉を感じさせるのは、欧州各国、米国、そして日本などの巨大企業がグローバル化しているなかで、その足元にある国民経済は財政赤字の巨大化によって、より一層疲弊しつつあることである。グローバル化の磁場はその一方でローカル化という渦を招き寄せるのである。そうしたなかで、わたしたちの社会がどのような方向へと向かっているのか。その直接的な解答をギボンのこの浩瀚な著作に求めることはできない。だが、ヒントは得ることができる。いうまでもなく、大規模組織は、ギボンがローマ帝国に見たものと同じ問題と課題を背負っているのである。

あとがき

わたしが若いころに拾い読みしたこの浩瀚な書を再び引っ張り出してきたきっかけは、「GM帝国」の経営動向をわたしの大学院ゼミナールの卒業生たちと議論しているときに、一つのアナロジーとしてギボンのローマ帝国衰亡観を紹介したことにある。だが、ほとんどの卒業生がこの種の著作を知らなかった。あるいは、名前ぐらいは知っていても、実際に読んだことがないようであった。

それではというので、GM帝国ではなく、ギボンの『ローマ帝国衰亡史』を取り上げる「ローマ帝国研究会」なるものを立ち上げることになった。とはいえ、メンバーたちはこの浩瀚な書をひも解くことに躊躇しているようであり、おそらく、わたしが一方的に話を進めることになろうと覚悟して、夏休みなどを利用して解説ノートなるものをつくってみた。

ところが、肝心のローマ帝国研究会なるものは、一回も開催されることなく雲散霧消してしまった。結果、わたしの解説ノートだけが残ってしまった。これが本書の原型となった。

ローマ帝国史の研究者でもなく、経営学部やビジネススクールに籍を置いてビジネスや企業組織を論じているわたしにとって、ローマ帝国とは組織の寿命を考える材料とヒントが埋まっている宝の山のようなものである。

「ローマ帝国」という語感は、ローマ帝国の栄枯盛衰の歴史だけではなく、帝国という概念そのものへわたしたちの関心を掻き立てる。帝国はわたしたちのまわりにある大企業などをイメージできるし、また、小さな都市国家であったローマがその版図を拡げ帝国化する姿はベンチャービジネスの姿を想像させるのである。

そうした帝国像をわたしたちが描くとき、元来の政治外交的な帝国論や政治経済的な帝国論などから離れて、組織の栄枯盛衰の経営学が成立する。本書でもそれを意識したが、時にギボンのローマ帝国解釈に引っ張られ、時に同時代人であったアダム・スミスの経済学へと脱線した。組織と時間との関係、わたしたちの経済や社会のあり方——とりわけ、グローバリズムなるもの——やそのあるべき姿を描いてみたが、どれほど成功したかを問われれば実に心もとない。

帝国史ではなく皇帝史ということであれば、ベルギー人作家マルグレット・ユルスナールが『ハドリアヌス帝の回想』で描いたハドリアヌス帝のような、アウレリウスと並んで人間性の深みを感じさせられる人物もいた。

だが、歴代皇帝を取り上げれば、魅力的な人物と並んで皇帝にふさわしくない人物もたくさん登場する。正史——そんなものはないであろうが——ともなれば、歴代皇帝が立派な人物としてだけ描かれるのであろうが、必ずしもそうでないところが、ローマ帝国史を豊かなものとしているのかもしれない。

たとえば、本書でも取り上げた皇帝ユリアヌスについては、作家の辻邦生（一九二五〜九九）が、日本社会がちょうど高度成長の真っ只中にあったころに『背教者ユリアヌス』を描いている。辻は執筆前後にローマ帝国の史跡も訪れ、日本社会や日本人にとってローマ帝国とは何であるだろうかという歴史紀行文を残している（「『背教者ユリアヌス』歴史紀行」『辻邦生歴史小説集成』第四巻所収）。

辻は「明治以降、われわれは西欧に対して一種絶対的な理想主義的憧れを抱いていた。……こうした精神状況のなかでは、ギリシアの精神文化はよく理解できても、ローマ文明の……実用文化は十分評価できないのは当然だった。……事実、ローマ史やローマ文化への人気は高くなかったし、戦後になっても、知識人の西欧への理想主義的な憧れは、種々の変更は加えられたにしても、残り続けた」としつつも、人びとが実際に「西欧」に出かけることが容易になったことで、そのような状況も変化してきたと指摘する。

辻は「こうした西欧の理想主義的呪縛が解かれてはじめて、ローマ文化の真意が広く受け入れられるようになった。……私が漠然とローマ的巨大さと感じていた建物空間の規模や広場や記念建造物の拡がりそのものを、実は彼らの言葉だったのだと気付いたとき、ローマ帝国はヨーロッパという空間の上に建つ見えない壮麗な書物のように見えてきたのであった。……ローマ帝国に関する精神はラテン語で書かれたもののなかにあるだろうが、都市や水道橋や道路のなかに刻みこまれているといっていい」とも述べている。

たしかに、ローマ帝国の版図の拡大は道路や水道橋というインフラの整備をともなったものであり、「属州民」となった人たちはローマ文明の何たるかをそうした壮大な建造物のなかに見たであろう。そうしたインフラが欧州諸国の共通の意識構造をつくることになる、見えないインフラとなったこともいうまでもない。

だが、辻のいう「ローマ史やローマ文化への人気は高くなかった」という指摘はどうだろうか。当たってもいるし、当たっていないともいえるのでないだろうか。明治以来の知識人や政治家たちは、作家であり国会議員でもあったギボンがローマ帝国という大組織の政治模様を描き出したところに大きな関心をもち、日本の行く末をそこに重ねようとしたことはいうまでもない。

こうした問題関心はむろん、日本の過去の知識人や政治家だけではなく、現在のわたしたちにも引き継がれているといってよい。また、それはわたしたちの社会の将来に関心をもつ多くの作家たちにも共通してきた。

たとえば、化学者から科学小説(SF)の分野へと進み、この分野で多くの作品を残したロシア系アメリカ人作家のアイザック・アシモフ(一九二〇~九二)も同様であった。アシモフは自伝に述べているが、そうした関心はギボンの『ローマ帝国衰亡史』に着想を得て、彼が第二次大戦前から書き始め、その後長期間にわたって書き残した未来科学小説『ファウンデーション』シリーズの底流にあった。

アシモフがローマ帝国に重ねた「銀河帝国」の行く末は、彼自身が生きた米国を中心とするグローバルな世界の将来像を暗に示してもいた。この小説では、数学者であるハリ・セルダンが創り上げた「心理歴史学」が銀河帝国の崩壊を予想した。その後にやってくる混乱が続く暗黒時代を縮めるために、科学知識などを集大成した『銀河百科事典』の編纂グループ――ファウンデーション（百科事典財団）――が、銀河系の最果てにあり、資源などない小惑星ターミナス――これはラテン語で「終点」を意味するが――に設立される。そうした設定から、ストーリーは展開する。

セルダン創設の心理歴史学が指し示す銀河帝国の文明について、主人公の一人である小惑星ターミナスの政治家ハーディンに、アシモフはつぎのように語らせている（岡部宏之訳『銀河帝国興亡史』第一巻）。

「何世紀にもわたって銀河文明は沈滞し、退化している。しかし、それに気づいている者はごく少ない。しかし今は、ついに外縁部からちぎれ始め、帝国の政治的統一は崩壊しつつある。たったいま経過した五十年間のどこかに、後世の歴史家が任意の線を引いて、〝これが銀河帝国の滅亡のしるしだ〟という時点があるだろう。

そして、かれらは正しいだろう。もっとも、その後何世紀かの間は、ほとんどだれもその滅亡を認めないだろう。

そして、その滅亡の後に不可避的に野蛮な時代がやってくる。われわれの心理歴史学の告げるところによれば、その時代は通常の状況下において、三万年続くはずである。われわれはその滅亡を阻止することはできない。また、そうするつもりもない。なぜなら帝国の文化は過去において活力と価値をもっていたかもしれないが、今はそれらを喪失しているからである。しかし、これから必ずやってくる蛮行の時代を——ただの一千年にまで——短縮することができる……」。

わたしなどは、アシモフのこうした文章にギボンの影響をみると同時に、ギボンがヨーロッパ中世という暗黒時代について思いをはせ、アシモフが第二次大戦後の世界についてその将来像——科学技術時代の到来も含め——を楽観視していなかったことを感じる。

いずれにせよ、良くも悪くも、ギボンの『ローマ帝国衰亡史』は単にローマ史やローマ文化史の通史的テキストなどではない。ギリシアと並んで欧州文明の土台を作ったローマ人たちの歴史そのものであるけれども、そのあまりにも人間臭い叙述はわたしたちの社会の過去と現在、そして将来の在り処を思い起こさせる。これがいまに至るまで、ギボンの『ローマ帝国衰亡史』が多くの人を引き付けてきた秘密にちがいない。

エドワード・ギボンの『ローマ帝国衰亡史』の愛読者の一人として、本書がいまをつよく意識した読書帳あるいは感想帳よりは一歩でも二歩でも出ていれば幸いである。

参考文献

【あ】
青柳正規『ローマ帝国』岩波書店、二〇〇四年
アメリカ海軍協会（武田文男・野中郁治郎共訳）『リーダーシップ新装版―アメリカ海軍士官候補生読本―』生産性出版、二〇〇九年
伊東光晴・石川博友・植草益編『アメリカの産業と企業』筑摩書房、一九七五年
井上浩一『生き残った帝国ビザンティン』講談社、二〇〇八年
井野瀬久美恵『大英帝国という経験』講談社、二〇〇七年
岡田一郎『日本社会党―その組織と衰亡の歴史―』新時代社、二〇〇五年
小川英雄『ローマ帝国の神々―光はオリエントより―』中央公論新社、二〇〇三年

【か】
カー、クリス（吉村忠典監修・矢羽野薫訳）『地図で読む世界の歴史　ローマ帝国』河出書房新社、一九九八年
カエサル（近山金次訳）『ガリア戦記』岩波書店、一九四二年
加藤靖慶『日本的経営とリーダーシップ』税務経理協会、二〇一〇年
角田幸彦『キケロー』清水書院、二〇〇一年
同『セネカ』清水書院、二〇〇六年

金谷治訳注『孫子』岩波書店、二〇〇〇年
菊澤研宗『組織は合理的に失敗する―日本陸軍に学ぶ不条理のメカニズム―』日本経済新聞社、二〇〇九年
菊池良生『神聖ローマ帝国』講談社、二〇〇三年
キケロー（高橋宏幸編）『キケロー書簡集』岩波書店、二〇〇七年
ギボン、エドワード（中野好之訳）『ギボン自伝』筑摩書房、一九九四年
同（中野好夫・朱牟田夏雄・中野好之訳）『ローマ帝国衰亡史』（全一〇巻）筑摩書房、一九九五年
同（吉村忠典・後藤篤子訳）『図説・ローマ帝国衰亡史』東京書籍、二〇〇四年
同（中倉玄喜編訳）『ローマ帝国衰亡史』（上・下）PHP研究所、二〇〇八年
木村凌二『地中海世界とローマ帝国』講談社、二〇〇七年
グレンベック、ヴィルヘルム（山室静訳）『北欧神話と伝説』講談社、二〇〇九年

【さ】

佐々木毅『マキアヴェッリと「君主論」』講談社、一九九四年
ジェームズ、ハロルド（小林章夫訳）『アメリカ〈帝国〉の苦境―国際秩序のルールをどう創るのか―』人文書館、二〇〇九年
塩野七生『コンスタンティノープルの陥落』新潮社、一九九三年
同『男たちへ―フツウの男をフツウでない男にするための五四章―』文芸春秋、一九九三年
同『ローマ人の物語―パクス・ロマーナ―』（全三四巻）新潮社、二〇〇二年
シュペングラー、オズワルド（村松正俊訳）『西洋の没落　第一巻　形態と現実と』五月書房、二〇〇七年

シルク、レオナード、シルク、マーク（山岡清二訳）『エスタブリッシュメント―アメリカを動かすエリート群像―』TBSブリタニカ、一九八一年
甚野尚志『中世ヨーロッパの社会観』講談社、二〇〇七年
スエトニウス（国原吉之助訳）『ローマ皇帝伝』（上・下）岩波書店、一九八六年
スカー、クリス（吉村忠典監修・矢羽野薫訳）『ローマ帝国―地図で読む世界の歴史―』河出書房新社、一九九八年
鈴木董『オスマン帝国―イスラム世界の「柔らかい専制」―』講談社、一九九二年
スポンヴィル、アンドレ・コント（中村昇・小須田健・カンタン訳）『ささやかながら、徳について』紀伊国屋書店、一九九九年
スミス、アダム（水田洋訳）『国富論』（一～四）岩波書店、二〇〇〇～二〇〇一年
同『道徳感情論』（上・下）岩波書店、二〇〇三年
セネカ（兼利琢也訳）『怒りについて・他二篇』岩波書店、二〇〇八年
同（大西英文訳）『生の短さについて』岩波書店、二〇一〇年
ゾンバルト、ヴェルナー（金森誠也訳）『恋愛と贅沢と資本主義』講談社、二〇〇〇年

【た】

高橋信夫『経営の再生―戦略の時代・組織の時代―』有斐閣、一九九五年
高原基彰『現代日本の転機―「自由」と「安定」のジレンマ―』日本放送出版協会、二〇〇九年
田川建三『イエスという男』作品社、二〇〇四年
同『キリスト教思想への招待』勁草書房、二〇〇四年

同『原始キリスト教史の一断面―福音書文学の成立―』勁草書房、二〇〇六年
タキトゥス（泉井久之助訳註）『ゲルマニア』岩波書店、一九七九年
ターナー、ルイス（小沼敏訳）『見えざる帝国―多国籍企業とナショナリズム―』日本経済新聞社、一九七一年
チェンバース、モーティマー編（弓削達訳）『ローマ帝国の没落』創文社、一九七三年
辻邦生『辻邦生歴史小説集成』（第四巻〜第六巻）岩波書店、一九九二年
戸高一成編『証言録・海軍反省会』PHP研究所、二〇〇九年
トッド、エマニュエル（石崎晴己訳）『新ヨーロッパ大全』（一）藤原書店、一九九二年
同（石崎晴己・東松秀雄訳）『新ヨーロッパ大全』（二）藤原書店、一九九三年
同（石崎晴己訳）『帝国以後』藤原書店、二〇〇三年

【な】

中西輝政『大英帝国衰亡史』PHP研究所、二〇〇四年
中野孝次『ローマの哲人セネカの言葉』岩波書店、二〇〇三年
ネグリ、アントニオ、ハート、マイケル（幾島幸子訳・水嶋一憲・市田良彦監修）『マルチチュード―〈帝国〉時代の戦争と民主主義―』NHKブックス、二〇〇五年
野中郁治郎監修・東京電力技術開発研究所ヒューマンファクターグループ編『組織は人なり』ナカニシヤ出版、二〇〇九年
野町啓『学術都市アレクサンドリア』講談社、二〇〇九年

【は】
バーズ、チェイン（弓削達訳）『ローマ帝国の没落』創文社、一九七三年
長谷川博隆『ハンニバル―地中海世界の覇権をかけて―』講談社、二〇〇五年
ハルドゥーン、イブン（森本公誠訳）『歴史序説』岩波書店、二〇〇一年
プルタルコス（村川堅太郎編）『プルタルコス英雄伝』（上・中・下）筑摩書房、一九九六年
ボブスバーム、エリック（浜林正夫・神武庸四郎・和田一夫訳）『産業と帝国』未来社、一九八四年
堀越孝一『中世ヨーロッパの歴史』講談社、二〇〇六年
ホルスタイン、ウィリアム（グリーン裕美訳）『GMの言い分―何が巨大組織を追い詰めたのか―』PHP研究所、二〇〇九年

【ま】
マキアヴェリ、ニッコロ（池田康訳）『新訳君主論』中央公論新社、一九九五年
同（浜田幸策訳）『マキアヴェリ戦術論』原書房、二〇一〇年
増田四郎『都市』筑摩書房、一九九四年
マッキンタイア、アラスデア（篠崎榮訳）『美徳なき時代』みすず書房、一九九三年
松田治『ローマ建国伝説―ロムルスとレムスの物語―』講談社、二〇〇七年
松谷健二『ヴァンダル興亡史―地中海制覇の夢―』中央公論新社、二〇〇七年
松村圭一郎『所有と支配の人類学―エチオピア農村社会の土地と富をめぐる力学―』世界思想社、二〇〇八年
南川高志『ローマ五賢帝―「輝ける世紀」の虚像と実像―』講談社、一九九八年

宮川正裕『組織と人材開発』税務経理協会、二〇一〇年
村上堅太郎・長谷川博隆・高橋秀『ギリシア・ローマの盛衰―古典古代の市民たち―』講談社、一九九三年
モムゼン、ティオドール（長谷川博隆訳）『ローマの歴史Ⅰ―ローマの成立―』名古屋大学出版会、二〇〇五年
同『ローマの歴史Ⅱ―地中海世界の覇者へ―』同、二〇〇五年
同『ローマの歴史Ⅲ―革新と復古―』同、二〇〇六年
同『ローマの歴史Ⅳ―カエサルの時代―』同、二〇〇七年
森田松太郎・杉之尾宣生『撤退の本質―いかに決断されたのか―』日本経済新聞社、二〇一〇年

【や】

柳川範之『契約と組織の経済学』東洋経済新報社、二〇〇〇年
柳沼重剛『ギリシア・ローマ名言集』岩波書店、二〇〇三年
山本雅男『ヨーロッパ「近代」の終焉』講談社、一九九二年
弓削達『ローマはなぜ滅んだか』講談社、一九八九年
同『ローマ帝国とキリスト教』河出書房新社、一九八九年
湯沢威・鈴木恒夫・橘川武郎・佐々木聡編『国際競争力の経営史』有斐閣、二〇〇九年
ユルスナール、マルグリット（多田智満子訳）『ハドリアヌス帝の回想』白水社、二〇〇八年
吉見俊哉『ポスト戦後社会』岩波書店、二〇〇九年

【ら】
リーウィウス（鈴木一州訳）『ローマ建国史』（上・下）岩波書店、二〇〇七年
李勝載『組織論』（I・II）星湖舎、二〇〇八年
リーダー・トゥー・リーダー研究所（渡辺博訳）『アメリカ陸軍リーダーシップ』生産性出版、二〇一〇年

【わ】
ワット、モンゴメリ（三木亘訳）『地中海世界のイスラム―ヨーロッパとの出会い―』筑摩書房、二〇〇八年

● 寺岡　寛　主要著作 ●

『アメリカの中小企業政策』信山社，1990年
『アメリカ中小企業論』信山社，1994年，増補版，1997年
『中小企業論』（共著）八千代出版，1996年
『日本の中小企業政策』有斐閣，1997年
『日本型中小企業―試練と再定義の時代―』信山社，1998年
『日本経済の歩みとかたち―成熟と変革への構図―』信山社，1999年
『中小企業政策の日本的構図―日本の戦前・戦中・戦後―』有斐閣，2000年
『中小企業と政策構想―日本の政策論理をめぐって―』信山社，2001年
『日本の政策構想―制度選択の政治経済論―』信山社，2002年
『中小企業の社会学―もうひとつの日本社会論―』信山社，2002年
『スモールビジネスの経営学―もうひとつのマネジメント論―』信山社，2003年
『中小企業政策論―政策・対象・制度―』信山社，2003年
『企業と政策―理論と実践のパラダイム転換―』（共著）ミネルヴァ書房，2003年
『アメリカ経済論』（共著）ミネルヴァ書房，2004年
『通史・日本経済学―経済民俗学の試み―』信山社，2004年
『中小企業の政策学―豊かな中小企業像を求めて―』信山社，2005年
『比較経済社会学―フィンランドモデルと日本モデル―』信山社，2006年
『起業教育論－起業教育プログラムの実践―』信山社，2007年
『スモールビジネスの技術学―Engineering & Economics―』信山社，2007年
『逆説の経営学―成功・失敗・革新―』税務経理協会，2007年
『資本と時間―資本論を読みなおす―』信山社，2007年
『経営学の逆説―経営論とイデオロギ――』税務経理協会，2008年
『学歴の経済社会学―それでも，若者は出世をめざすべきか―』信山社，2009年
『近代日本の自画像―作家たちの社会認識―』信山社，2010年
『指導者論―リーダーの条件―』税務経理協会，2010年
『市場経済の多様化と経営学』（共著）ミネルヴァ書房，2010年
『アジアと日本―検証・近代化の分岐点―』信山社，2010年
『アレンタウン物語―地域と産業の興亡史―』税務経理協会，2010年
『イノベーションの経済社会学―ソーシャル・イノベーション論―』税務経理協会，2011年
Economic Development and Innovation: An Introduction to the History of Small and Medium-sized Enterprises and Public Policy for SME Development in Japan, JICA, 1998
Small and Medium-sized Enterprise Policy in Japan: Vision and Strategy for the Development of SMEs, JICA, 2004

〔著者紹介〕

寺岡　寛（てらおか・ひろし）

1951年　神戸市生まれ
現　在　中京大学経営学部教授，経済学博士

巨大組織の寿命
―ローマ帝国の衰亡から学ぶ―

2011（平成23）年 8 月20日　第 1 版第 1 刷発行

著　者　寺　岡　　寛
発行者　今　井　　貴
　　　　渡　辺　左　近
発行所　信山社出版株式会社
〔〒113-0033〕　東京都文京区本郷 6-2-9-102
電話　03（3818）1019
FAX　03（3818）0344
Printed in Japan

印刷・製本／松澤印刷・渋谷文泉閣

ISBN978-4-7972-2587-7　C3334

事項索引

事項索引

［さ　行］

［た　行］

事項索引

事項索引

[ま　行]

[や　行]

[ら　行]

［わ　行］

人名索引

人名索引